対面が
苦痛で
しかない

仕事上、
「話す」を
避けられない

がんばらなくても
伝わる、ラクになる

苦手なまま会話術

山口拓朗

大和書房

（もしもし、そこの「会話が苦手」なあなた…！）

「会話の苦手を克服したいですか？」

（克服したいですよね。会話が苦手でなければ、
どんなにラクか、と思いますよね）

（では、さらに質問を…）

「会話が好きに
なりたいですか？」

「上手に話せるように
なりたいですか？」

どうでしょう。
実際、そうでもないのでは…？

「会話が苦手」という壁さえ壊せればいいわけで、
会話が得意になりたいわけでも、
好きになりたいわけでもない？

「苦手なままで大丈夫。
必ずラクに会話が
できるようになります」

はじめに

「人と会話をすることが苦痛です」
「気の利いたことやおもしろいことが言えません」
「会話が盛り上がらず、沈黙が気まずい……」
「できることなら人と会話をしたくありません」

会話についての悩みは尽きません。

でも、私はこう思うのです。

会話なんて苦手なままでいいじゃないか。

本書に貫かれているメッセージは、たったこれだけです。
あなたがすでに心の底から「会話なんて苦手なままでいい」と思えているのなら、もうそれだけで大丈夫。今のこの場でページを閉じてもらっても構いません。

会話を苦手にしている人の多くが、苦手な自分に「ダメ」の烙印を押しています。
会話上手になろうと頑張るも、一向に会話が上手にならない。
それどころか、ますます苦しくなっていく……。そんな自分を責めてしまっています。

世の中、足の速い人もいれば遅い人もいます。
絵を描くのが上手な人もいればヘタな人もいます。
しかし、足が遅くても、絵を描くことが苦手でも、その人の価値は何ら変わりません。
会話も同じです。あなたが仮に会話に苦手意識を持っていたとしても、それによって、
あなたの価値が下がることはありません。
会話の得意・不得意は、いわば「個性」のようなもの。
そこに良し悪しはありません。愛すべきあなたのキャラクターの一部にすぎません。

そもそも会話とは何でしょう？

お互いに心を通わせながら、お互いの考えや気持ちをやり取りすることです。

考えや気持ちを伝える時に、自分にムリを強いては、伝わるものも伝わりません。

会話をするうえで何より大事なのは、その人がその人らしく相手と接することです。

あなたがあなた以上の何者かになる必要はありません。

むしろ、背伸びすることをやめることこそが、会話に対する苦手意識を取り除く第一歩とも言えます。

もちろん、本書は、会話が苦手な人を、ただ肯定するためだけに書かれたわけではありません。

会話が苦手な人が、その苦手な状態を受け入れながら、それでいて、相手と快適にコミュニケーションを図るための考え方やノウハウをお伝えしていきます。

本書の内容を意識・実践することによって、あなたは会話をすることへの恐れや不安を消し去ることができます。罪悪感や自責の念も取り除かれていきます。

それどころか、驚くほど、会話への自信を深めていくことになるでしょう。「そもそも自分は会話ベタではなかった」と気づく人もいれば、人と会話をすることや、心を通わせることに楽しさを見出す人もいるでしょう。

さらには、会話を通じて、自身の潜在能力に目覚める人や、人生の新たな可能性に出合う人も出てくるはずです。

かくいう筆者も、もともとは会話への苦手意識が強く、そのツラさ、苦しさを経験しています。こと雑誌記者時代（とくに20代）は、人と会うたびに憂鬱な気持ちになっていましたし、友人との会話や飲み会の席も、好きでも得意でもありませんでした。

おあつらえ向きの「会話本」を乱読したこともありましたが、あまり効果を感じられず……。会話ってしんどい、と思う日々を重ねてきました。

ある時、半ば開き直って「いっそのこと会話を頑張ることをやめよう」と思った時から状況が変わり始めました。

気持ちがラクになっていき、会話時のストレスが激減しました。

自分にムリをしなくなった結果、相手の言葉にも耳を傾けられるようになり、さらには、自分の考えや気持ちも伝わりやすくなりました。

そうこうしているうちに確信したのです。


会話なんて苦手なままでいいじゃないか。 と。


その後は、「会話が苦手」な自分を認めながら、３０００人以上への取材・インタビューを実施。もちろん、取材中にストレスが溜まることはほとんどなく、むしろ「会話ってこんなにもラクなものだったのか」と拍子抜けすることが多々ありました。

「会話を頑張る」という負荷を自分に課すことをやめたお陰で、多くの人と考えや気持ちを、楽しくやり取りできるようになったのです。

また、会話を頑張らなくなったことで、友人・知人との飲み会や会食、雑談なども楽しめるようになりました。

現在は研修やセミナーを通じて、３０００人以上の人に「苦手なまま会話術」の心構えとノウハウをお伝えしています。

本書では、会話が苦手なままでも、場面に応じて、相手と（あるいはその場で）気持ちよくコミュニケーションを図るコツをお伝えします。

基本スタイルは「会話が苦手なまま」でＯＫ。頑張らなくてはいけないことは、ひとつもありません。

にもかかわらず、確実に、あなたの言葉が伝わり、相手から理解されやすくなります。

相手と心を通わせながら、強く深い信頼関係を築いていくこともできます。

変化していないのに変化した。そんな不思議な感覚をお楽しみください。

あなたは今、眉間にシワを寄せていませんか？

ご安心ください。本書はマッチョな会話術指南本ではありません。

会話が苦手なあなたを受け入れる本であり、また、本来の「あなたらしさ」を輝かせるためのサポート本です。

少しだけ口角を上げて、にっこりほほえみながら読み進めてください。

山口拓朗

がんばらなくても伝わる、ラクになる
苦手なママ会話術

contents

Part 1

苦手意識は脳内変換で解消できる

Part 2 場面別の簡単な技術を覚えるだけでいい

Part 3 意識次第で、会話は最強の自己投資になる

Part 1

苦手意識は脳内変換で解消できる

（苦手なままでいいのだけど
「苦手意識」はちょっとジャマなので
手放したほうがよいかも）

「苦手意識のほとんどが
錯覚や思い込み。
あるいは、
ちょっとした技術で
消すことができます」

会話の「正解」を探して
迷子になっていませんか？

「一度、本来の自分に
戻りましょう。
自分らしさこそが、
正解です」

Tips

01

うまく話せない

▼

話すのが うまくなくてもいい

「言葉がなかなか出てこない人」もいれば、「しゃべりながら考える人」もいます。それは良し悪しではなく、たんなるタイプの違いです。

そもそも会話に正解の型など存在しません。相手とコミュニケーションが取れていれば、すべて正解です。

「会話が苦手」と思っている人にお伝えしたいことがあります。それは「完璧な会話」を目指す必要はない、ということ。大事なのは完璧を目指すことではなく、「自分らしく、心地よく、そして効果的に」相手とコミュニケーションを図っていくことです。

人のタイプは十人十色です。あなたは「静かに考えて、時間をかけて返事をするタイプ」かもしれませんし、「ひとまず口から言葉を出しながら考えをまとめていくタイプ」かもしれません。タイプに良し悪しはありません。もちろん、相手と呼吸を合わせる気持ちは必要ですが、それは「自分のタイプを封印すること」とは違います。むしろ、**会話においては、「どれだけ自分らしくいられるか」が重要なのです。**

また、「会話が苦手」と思い込んでいる人の中には「話し方がうまくないから自分はダメ」と思い込んでいる人がいますが、これは大きな勘違いです。話し方がうまくなくても、会話を通じて、相手と良好な人間関係を築くことはできます。たとえば、「にこやかな表情で接する」「相手の話に耳を傾ける」「ポジティブな言葉を使う」「相槌を上手に打つ」など、話し方以外にも、会話の中であなたにできることはたくさんあります。

そもそも、**「会話の正解」など存在しません。**「話し方」にしても、会話に含まれる要素のひとつにすぎません。その事実に気づくことが、会話をうまくいかせる第一歩です。

Tips

02

相手にどう
思われているか不安
▼
「自分らしさ」だけを
意識する

「相手にどう思われるか」「嫌われないか」と考えないこと。考えると自分を見失い、会話することが義務のように感じられます。

たとえ仕事の場であっても、素の自分を出してもいい。自分の興味や感情を素直に表現することが、会話の楽しさを見出すカギとなります。

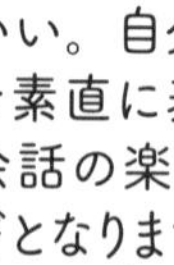

会話を苦手と感じる原因の一つは、「自分らしさ」を封印してしまうことにあります。話をする際に、「相手にどう思われるか」「どう話せば嫌われないか」という不安に駆られると、自分を見失ってしまい、会話が義務のように感じられてしまいます。しかし、本来、会話は、自分を表現するすばらしい機会です。「相手にどう思われるか」を考えるのではなく、まずは自分が「会話を楽しむ」という意識を持つことが肝心です。

たとえば、あなたが趣味や好きなことについて素直に話す時、あなたの熱意や興味は自然と相手に伝わります。この時、自分を偽ったり、着飾ったりしてはいけません。むしろ、自分の考えや気持ちをオープンにすることで、会話をすることが楽しくなっていきます。

会話を苦手にしているのは、〈自分の素を出してはいけない〉と思い込んでいるその人自身にある、とも言えます。自分の考えや気持ちを抑圧している状態で、会話を楽しむことは不可能です。たとえるなら、お笑い芸人のライブを観に行って「笑ってはいけない」と感情を消し去っているのと同じ状態です。その状態でライブを楽しむことはできません。

会話を苦手とする人たちにとって、**自然体で会話を楽しむことは、本来の自分らしさを取り戻すための大きな一歩です。**自分らしさが輝き始めると、会話はもはや義務ではなく、日常の楽しみそのものになるのです。

Tips

03

そもそも性格的に会話が苦手

▼

会話はスキル。誰でも身につけられる

「会話が苦手」と思う気持ちをムリやり取り除こうとする必要はありません。苦手なままでも、できるようになるのですから。

会話は技術だと、割りきること。一つひとつのスキルを機械的に体得していけばよいのです。

会話に唯一の正解はない。頭ではそう分かっていても、「会話が苦手」という気持ちは変わらない――それがあなたの本音でしょう。その気持ちは痛いほどわかります。「会話が苦手」と思う気持ちをムリやり取り除こうとする必要はありません。

一方で、ひとつだけ受け入れてもらいたいことがあります。それは、**会話は「才能」ではなく「スキル（技能）」だ**ということです。才能を後付けすることは難しいですが、スキルであれば、練習やトレーニングを重ねることで、どんな人でも必ず伸ばすことができます。

23ページでお伝えしたとおり、会話は、実に多くの要素に分けることができます。多種多様なそれらのスキルをコツコツと磨いていくことで、あなたのくり広げる会話に変化が見られるでしょう。もちろん、いちばん大事なのは「あなたらしさ」を失わないことです。

くり返しになりますが、「会話が苦手」という気持ちをムリに消そうとする必要はありません。「会話が苦手」なままでOK。たとえば「口角を上げましょう」というスキルがあった場合、あなたの気持ちが晴れやかである必要はありません。物理的に口角をただ上げるだけでいいのです。ふだんあまり笑わない人は、表情筋が柔らかくなるまでに少し時間がかかるかもしれません。しかし、それはあくまで筋肉の問題です。愚直にスキルを実践することで、少しずつ、しかし着実に会話への苦手意識が薄れていくでしょう。

Tips

04

会話が苦手なんて、社会人としてどうなの？

▼

会話力は自分の価値とは無関係

自分自身が自分の最大の理解者、肯定者でいよう。人の目や世間体を気にする悪徳裁判官になってはいけません。

自分は自分のままでいい。自分の知識や感情、これまでの経験、その独自性を誇りましょう。

会話を苦手にする人の多くが、「会話が苦手な自分なんてダメだ」と自分を断罪する悪徳裁判官になりたがります。だからツラく、苦しくなるのです。

あなたが「私は私のままでいいんだ」と自分を受け入れた時、会話が苦痛でなくなります。

大事なことは「自分を愛すること」です。「自分を愛する」とは、自分の独自性を認めて誇りをもつことです。これまでの経験や体験はもちろん、あなたの知識や感情、それらすべてが、あなたの大切な宝物です。あなたは悪徳裁判官になって、あなたの独自性をジャッジしてはいけません。その独自性をただ誇らしく思えばいいのです。

自分を愛することができるようになると、自己開示のハードルが一気に下がります。自分の趣味や特技、考え、価値観について話すことにもためらいがなくなります。あなたが自分を語るほどに会話は自然と広がります。相手にどう思われるか、世間にどう思われるか——について、過剰に気にしてはいけません。人の目や世間体を気にしすぎること自体が悪徳裁判官の習性だということに、ただ気づくだけでいいのです。

あなたが自分を断罪しているとき、相手はあなたの中のネガティブな雰囲気を読み取り、あなたとの会話から離れようとします。これ以上、無実の罪で自分を責める必要はありません。無実の罪から解放された時、あなたらしい会話がスタートします。

Tips

05

会話のフォーマットがわからない

▼

ひとまず人のマネをすればいい

身近にいる会話上手な人を、よく観察してみましょう。単語、内容、トーン、テンポなど、さまざまな「マネするポイント」が収集できるはず。

あれこれ考えず、まずは機械的にマネすればOK。感情はあとから付いてきます。

子どものころ、私たちは、親や周りの大人たちがどのように話しているのかを見て、会話の基本を学んできました。つまり「マネ」してきたわけです。その原則は大人になってからも変わりません。**会話がうまい人たちをよく観察してマネすればいいのです。**

会話がうまい人のことをよく観察しましょう。「話している内容」「声の大きさやトーン」「表情や目線」「ボディランゲージ」「テンポ」「相槌の打ち方」など、細かく見ていくことによって「マネするポイント」が手に入ります。

たとえば、ある人が楽しく魅力的な会話をしていると感じたら、その人の一挙一動に注目します。その人がどのような表情をしているのか、何を話題にしているのか、人の話にどう反応しているのか——などなど。会話の中でよく使っているフレーズ、相槌時の声の出し方、ジェスチャーなども観察の対象です。できれば、忘れてしまわないよう「マネするポイント」をノートや手帳に書き留めておきましょう。

マネする時に、自分の気持ちをムリに変える必要はありません。たとえば、相槌であれば「へー」「うんうん」「そうなんだ！」とまずは機械的にマネすればＯＫ。最初はぎこちなさを感じるかもしれませんが、（不思議なもので）マネし続けることで少しずつ感情が伴うようになっていきます。「形の変化→感情の変化」の流れに身を任せましょう。

Tips

06

人前で堂々とすることができない

▼

よく見せようとせず「ありのまま」にOKを出す

会話における「堂々とする」とは、ムリしてスマートに、カッコよくふるまうことではなく、「ありのままの自分にOK」を出している状態のこと。

まずは、人と比べるのではなく、「自分を肯定する」というスタンスで自己理解を深めること。お守り言葉は「不完全な状態で完全だ」。

会話が苦手な人の中には、人前で堂々としていられない自分に失望している人もいます。そういう人の多くが「堂々とする」の意味を誤解しています。会話における「堂々とする」とは、ムリにスマートにふるまったり、カッコよくふるまったりすることではありません。「ありのままの自分にＯＫ」を出している状態のことを言うのです。

「ありのままの自分にＯＫ」を出すには、まず自己理解が欠かせません。自分の強みや弱み、興味、価値観などを把握するのです。この自己理解が自尊心を育み、どんな状況でも自分らしくいられる基盤となります。自己理解を深める際は、自分と他人を比較したり、自分自身を良し悪しで評価したりせず、ありのままの自分を肯定することが大切です。

自分のダメさ加減に目が向くときは、**自分という存在は〈不完全な状態で完全だ〉という言葉をお守りにしましょう**。この世に誰一人として完全な人は存在しません。いわゆる長所や短所も、個性・特徴にすぎません。この考えを受け入れた瞬間から、自分の考えや気持ちを堂々と表現できるようになります。「ありのままの自分にＯＫ」を出せているあなたが、会話中に誰かや何かに振り回されることはありません。もし振り回されてしまうとしたら、それは、あなたがまだ自己の不完全さを受け入れきれていない証拠です。そんな時は、〈不完全な状態で完全だ〉と思い出しましょう。落ち着いてくるはずです。

Tips

07

相手に恐怖心や警戒心を持ってしまう

▼

形からでいいからリスペクトしてみる

相手をリスペクトした瞬間から、不思議と不安や怖れがやわらぎ、相手の心も開かせます。

そう簡単にリスペクトできない、というのも当然。まずは「相手をリスペクトする役」を演じてみよう。

会話で最も大事なこと。それは相手へのリスペクトです。リスペクトとは、相手のことを大切に思い、尊重すること。相手と信頼関係を築くうえで欠かせないベースです。「そう簡単にリスペクトなんてできない」と思う気持ちはよくわかります。しかし、相手をリスペクトする気持ちは、会話に苦手意識を持つあなた自身を守る救世主でもあります。**相手をリスペクトした瞬間から、不思議と不安や怖れがやわらいでいきます。**「リスペクト」とは「信頼」にほかなりません。相手を信頼することで、「この人はありのままの自分のことを受け入れてくれるはず」という気持ちが生まれてくるのです。

なにより、リスペクトには相手の心を開かせる効果があります。相手に「この人になら何でも話せそう」「建設的な意見交換ができそう」「楽しく会話できそう」と感じてもらいやすくなります。どうしてもリスペクトの念が湧いてこないときは、**相手をリスペクトする役を演じましょう**。そういう役を与えられた、と思い込むのです。スポーツや芸事と同じく人間関係でも「型」から入るアプローチは有効です。たとえ演技だとしても、リスペクトを抱いた瞬間から、相手との会話を楽しもう、という気持ちが芽生えます。あなたが手にしている台本のト書きには、いつでも〈相手をリスペクトする〉と書かれています。あなたがそのト書き通りに演じたとき、驚くほどラクに会話を楽しめているはずです。

Tips

08

表情が固くなってしまう

▼

内容よりも、とにかく笑顔と声のトーン

とくに最初のあいさつは、双方の警戒レベルを下げるために、笑顔と明るいトーンの声が有効。練習すれば必ずできるようになります。

笑顔になるときに、ムリして楽しい気持ちになろうとする必要はありません。物理的に、目尻が下がり口角が上がっていればよいのです。

人は本能的に警戒心を持つ生き物です。初対面のあいさつは、自分と相手、双方の警戒レベルがピークに達します。この警戒心を下げるために有効なのが「笑顔で接する」こと。あなたが笑顔を見せることで、相手の警戒心は解けていき、安心感を抱きます。「この人は敵ではない」という判断が無意識のうちに働くからです。

笑顔とは技術であり、トレーニングによって向上します。笑顔になることが苦手な人は、まずは笑顔の量を増やす練習から始めましょう。**オススメは鏡を見たときに必ず笑顔をつくること。**普段から表情筋を動かすことで、笑顔を作る感覚に慣れていきます。

笑顔を作るときに、ムリして楽しい気持ちになろうとする必要はありません。重要なのは、筋肉を動かすこと、つまり、物理的に口角を上げて、目尻を下げて笑顔を作ることです。初めは不自然に感じるかもしれませんが、少しずつ慣れていきます。不思議なことに、笑顔を作ると、自分自身の気持ちまで明るくなります。人は楽しいから笑うだけでなく、笑うことによって楽しくなることもできるのです。

なお、「はじめまして」や「こんにちは」など、**あいさつの際の第一声は、声のトーンを少しだけ上げましょう。**明るい声のトーンは、笑顔と同様に、相手にポジティブな印象を与えます。相手との間にある緊張感が解け、スムーズに会話に入っていきやすくなります。

Tips

09

いつもその場かぎりの会話になってしまう

▼

また会いたいと思わせるギフトトークを

相手が望んでいる情報をシェアする。それはあなたが相手に興味・関心を示している証拠。相手はあなたに、好感を抱くでしょう。

笑顔を見せる、真剣に話を聞く、肯定的にうなずく。それだって、すばらしいギフトです。難しく考える必要はありません。

相手から「また会いたい」と思われる人は、会話の中で、相手にギフトを渡しています。理想のギフトは、〈相手が望んでいるもの〉です。

・グルメな人→【ギフト】耳寄りなグルメ情報をシェアする
・おしゃれな人→【ギフト】その人のファッションや着こなしを褒める
・慢性的な腰痛で悩んでいる→【ギフト】腰痛に効くストレッチ方法を教える
・子どもを可愛がっている→【ギフト】子どものエピソードの聞き役になる

自分が望んでいるものをくれる人のことを嫌う人間はひとりもいません。ギフトを渡せるということは、相手に興味・関心を向けている証拠。相手は「自分のことをきちんと見てくれている」と嬉しく感じるものです。会話の中で、相手にギフトをあげることは、あげる側にとっても喜びです。与えることによって貢献欲求が満たされるからです。

注意すべきは、自分があげたいギフトを選ばない、という点です。自分都合なギフトは、相手にとって「押し付け」「余計なおせっかい」となってしまうこともあります。

相手の望みがわからなくても、慌てる必要はありません。笑顔で対応する、相手の話に耳を傾ける、うなずきや相槌などの肯定的な反応を示すこともすばらしいギフトです。これら小さなギフトを渡しながら、相手の本当の望みやニーズを見つけていきましょう。

Tips

10

話しベタでうまくしゃべれない

▼

「話し上手」とは「聞き上手」のこと

どれだけ流暢にしゃべれても、一方的に話していたのでは、それは「話が上手」とは言えません。

「会話」がうまい人は、例外なく、聞くことが上手な人です。簡単なポイントをいくつか実践してみましょう。

自分の話したいことを一方的に話す人のことを「話し上手」とは言いません。**真の話し上手は、相手の話に耳を傾ける、つまり「聞き上手」の能力に長けています。**

聞き上手な人は、相手の話を聞きながら、さまざまな情報をインプットしています。相手の価値観や立場、考え方、性格などなど。それらの情報を確認・理解することによって、円滑なコミュニケーションを図りやすくなるのです。

以下は聞き上手な人が実践しているポイントです。

・相手の目を見て話を聞く
・相手の言葉を否定しないで聞く
・適切なタイミングで質問やフィードバックを行う
・微笑みやうなずきなど、肯定的な非言語的サインを使って関心を示す
・相手を敬う気持ちを忘れず、信頼関係を築くことを心がける

聞く姿勢とは、相手の意見や感情を価値あるものとして尊重し、共感を示すことです。

聞き方の能力が高まるにつれて、受け取る情報の質と量が向上します。すると、こんどは、その情報を使って会話を深めていきやすくなります。聞き上手は、コミュニケーションを重ねながら自然と話し上手へと成長していくのです。

Tips

11

気の利いた冗談が言えない

▼

かわいい自虐ネタが使いやすい

自分のことを話す分には、気遣いやセンスはそこまで必要としませんし、相手を不快にすることはありません。

自分の失敗や弱みをユーモアにした「かわいい自虐ネタ」で、相手の警戒を和らげましょう。

会話にユーモアがあると、その場の緊張が和らぎ、お互いにリラックスしやすくなります。「ハードルが高い」と感じている人におすすめしたいのが「かわいい自虐ネタ」です。

「会社の売上は伸びていますが、それと同じくらい私の残業時間も伸びています（笑）」

「私の料理スキルはなかなかのもので、焦げたトーストでさえ、『黒焦げガーリック味』とネーミングして堂々と家族に出しています（笑）」

「時間管理能力だけは自信があります。なにしろ、常に何がどれだけ遅れているかを完璧に把握していますから（笑）」

かわいい自虐ネタを作るポイントは、「売上↕残業」「料理スキルがある↕焦がす」「時間管理能力が高い↕遅れの管理」のように、対比やギャップを取り入れることにあります。**ふだんから対比やギャップに意識を向けて、ネタを集めておいてもいいでしょう。**また、かわいい自虐ネタを言うコツは、少しほほえみながら「あっけらかんと伝えること」です。

なお、相手の弱みを突いたり、他人を揶揄したりする冗談は避けましょう。「一郎という名前の通り、大学は一浪しています（笑）」と本人が言う分には「かわいい自虐」と言えるでしょう。一方で、関係性の弱い相手に「一郎さんが一浪したのも、やはり名前のパワーですか？」と言うのはNG。相手を傷つけたり怒らせたりする怖れがあります。

Tips

12

相手の言葉に
同意できなかったら？

▼

「同意はせずとも
認める」という
選択肢

「認める」は「同意」にあらず。もし相手の話の内容に同意できなくても、相手が〈そう考えていること〉を認めることはできるはずです。

人は自分を認めてくれる人が好きなもの。「認める→褒める」の順で、相手との心の距離を近づけてみよう。

相手が大切にしているものを大切にする。これが人間関係の基本です。人がいちばん大切にしているものは「その人自身」です。だから「相手（＝その人自身）」を大切にしましょう。相手のことを「認める→褒める」の順で、相手との心の距離が驚くほど近づきます。

相手のことを大切にする第一歩は「認めること」です。相手の考えや気持ち、価値観などを認めることで相手の心がオープンになります。「認めるのは難しい」と思っている人は、「認める」と「同意する」を混同しているのかもしれません。「認める」は「同意する」ではありません。たとえ、あなたが、相手の考えに否定的な感情を抱いているとしても、相手が〈そう考えていること〉を認めることはできます。良し悪しをジャッジせず「あなたはそう考えるんですね」と受け入れることで、相手は心を開いてくれます。注意すべきは、頭ごなしに相手を批判すること。「でも」「だって」と相手の話を遮るのは最悪です。

自分の考えや意見を伝えるときは「いったん相手を認めてから」と心得ておきましょう。

「認める」同様に「褒める」も、会話を弾ませるうえで有効です。相手の魅力や長所、持ち物、習慣、性格などなど、相手の輝くポイントを褒めることで、相手の心がさらに開きます。相手を褒めるためには、相手に興味を持ち、よく観察する必要があります。ふだんから、人に会ったら、その人の魅力や長所を探すトレーニングをしておきましょう。

Tips

13

自慢話と思われたらどうしよう…

▼

「自慢」を「謙虚」に置き換える

自己肯定感が低い人ほど、自慢話をしたがります。自己肯定感を高める処方箋は、「ありのままの自分」を受け入れることです。

自慢するなら、宣言してから。自慢話の最後に感謝の気持ちを添えると、謙虚な印象を残すことができます。

「自慢話はほどほどに」が、会話の基本です。あまりに自慢話が長すぎると、相手が退屈してしまいます。**自慢せずにはいられない気持ちの裏には、その人の自己肯定感の低さが隠れ潜んでいることが少なくありません。**自慢をしないと「自分を認めてもらえない」と思っているのです。こういう人への処方箋は「ありのままの自分を受け入れること」です。自分で自分を承認できれば、わざわざ他者から承認を得ようとは思わなくなります。

もし自慢をするときは「少し自慢話をしてもいいですか？」とあっけらかんと宣言することをおすすめします。自慢話であることに自覚的である姿勢を見せることで、相手が耳を傾けやすくなります。もっとも、だからと言って話が長くなってはいけません。話し終えたら、サッと切り上げて、後味がくどくならないようにしましょう。

もうひとつの処方箋は「自慢」を「謙虚」に置き換える意識です。「○○の成功はサポートしてくれた家族のお陰です」「○○さんの後ろ盾のお陰で、契約をとることができました」。自慢話の最後に感謝の気持ちを添えるだけでも謙虚な印象を残すことができます。**自慢をしたくなったときほど、（自分以外の）誰の・何のお陰でうまくいったのだろう？と考えるようにしましょう。**謙虚な姿勢で感謝の気持ちを伝えることによって、相手から信頼されやすくなるほか、話し手自身の自己肯定感もみるみる高まっていきます。

Tips

14

つい反論してしまう

▼

反論するなら「相手の意見を受け入れる」の後に

自分も相手も大事にしましょう。「黙り込む」は自分を大事にしていません。一方、「やり込める」は相手を大事にしていません。

「まず受容→そして反論」の順番を間違えなければ、相手の気分を害しません。相手の意見を尊重するスタンスを取っているからです。

相手はA案がいいと思っていて、あなたはB案がいいと思っている。この時、会話が苦手な人の行動はふたつに別れます。そのひとつが反論を伝えず黙りこくってしまうパターン。もうひとつが、真っ向から反論して相手をやり込めようとするパターン。どちらも健全なコミュニケーションとは言えません。前者は自分を大切にしておらず、後者は相手を大切にしていません。この場面で意識すべきは、自分と相手の双方を大事にすることです。

優れた反論は「相手の気分」を害することがありません。なぜなら、反論上手な人ほど相手と自分の意見に優劣をつけず、相手の意見を尊重するスタンスを取っているからです。

「小林さんはA案支持ですね。たしかにA案は既存客に満足いただけるプランだと思います。既存客のニーズを重視するならA案は最適かと思います。【↑ここまで受容】一方で、新規客の獲得をメインに考えるならB案のメリットが見逃せません。サービスの拡散効果も期待できるため一石二鳥です【↑ここまで反論】」

このように「**相手の意見を受け入れる↓反論を伝える**」**の順を踏むことで、相手が反論を受け入れやすくなります。**自分への敬意を感じることによって、「この人となら建設的な意見交換ができそう」のように信頼性も高まりやすくなります。「黙りこくる」や「やり込める」から抜け出したとき、あなたの会話力はワンランクアップしているはずです。

Tips

15

話すほど弱みにつけ込まれそう

▼

弱みや失敗談は話すほどラクになる

弱みや失敗を隠すと余計に自分が苦しくなります。それに、実は弱みや失敗を語るデメリットはほとんどありません。

弱みを相手に見せることは、「あなたを信頼しています」の証でもあります。

人は誰しも弱みを持っています。失敗を経験しています。自分の弱みや失敗を伝えることで相手との間に共感が生まれ、信頼関係が築きやすくなります。

「正直に言いますと、前回A社と行ったプロジェクトはうまくいきませんでした」

「忘れ物が多くて……よくお店に傘やスマホなどを忘れて帰ります」

「情熱は人一倍あるのですが、どうも長期的なプランを立てるのが苦手でして……」

相手が引くくらい強烈な弱みや失敗を伝えよう、と言いたいわけではありません。会話の流れを妨げてまで語る必要もありません。会話の流れ上、弱みや失敗を語る必然性があるなら、変に隠さないほうが誠実な印象をもたれやすくなる、ということです。

会話を苦手にしている人は、しばしば自分を隠そうとします。しかし、**自分を隠すことでシンドくなるのは自分自身です**。バレないように会話をやりくりしなくてはいけないからです。しかし実際には、弱みや失敗を語ることで生じるデメリットはほとんどありません。それどころか、胸襟を開くあなたに対して、「長期的なプランは私のほうで立てますからご安心ください」と助けの手を差し伸べてくれることもあります。「**弱みや失敗を語ること**」**は**「**相手を信頼すること**」**です**。あなたが相手を信頼した瞬間から、あなたの人に対する怖れや、会話に対する苦手意識も和らいでいくでしょう。

Tips

16

話の長い人に付き合うのが苦痛

▼

自分の時間を奪わせない

そもそも相手は、自分が一方的に話していることに気づいていないことも多くあります。ほんの少し勇気を出して、話題を変える提案を。

相手の話が長い時は、「質問をする」「相手の言葉を拾いつつ軌道修正」「制限時間と目的を伝える」など、工夫を凝らして話題を変えましょう。

世の中には、自己中心的な話を好んでする人がいます。中には、相手の気持ちなどおかまいなしに延々と話し続ける人もいます。

もちろん、会話において相手の話に真摯に耳を傾けることは重要です。しかし、あまりにも話が一方的で、自身の気持ちが無視されていると感じたときは、適切な対処が必要です。その対処法として、「質問を使って話の流れを変える」というものがあります。

「それはすばらしい1日でしたね。ところで、◯◯の件ですが、その後いかがですか？」

また、相手の言葉を拾いながら話の方向を変える方法も効果的です。

「今の話で思い出しましたが、世界でも日本のオタク文化が注目されているそうですね」

もし重要な話があるときは、「制限時間と目的」を明確に伝えるといいでしょう。

「ここを15時には出なくてはいけないので、そろそろ◯◯の詳細を詰めましょう」

長々と話を続ける人（＝あなたの時間を奪う人）との会話では、自分を過度に抑制する必要はありません。あなたの時間は貴重なもので、**あなたには、会話を適切に管理する権利があります**。ただし、相手に対する敬意を忘れてはなりません。大抵の場合、話している本人は自分が一方的に話していることにすら気づいていません。ほんの少し勇気を出して「時間も時間なので、そろそろ◯◯の話に移ってもいいですか？」と提案しましょう。

Tips

17

話題に関心を持ってもらえない
▼
共感を誘うストーリーを語る

ストーリー作りに才能は不要。「マイナス→転機→プラス」の基本型で、ストーリーは簡単に作れます。

くり返し使える鉄板のストーリーをいくつか準備しておくと、なおよし。

ストーリーには人の気持ちを引き付けるパワーがあります。

「ストーリーなんて難しそう。わたしには作れそうにありません」と思うかもしれませんが、ストーリーを作るのに特別な才能は必要ありません。**基本パターンは「マイナス↓転機↓プラス」です。**「ビフォー↓転機↓アフター」と言い換えてもいいでしょう。

筆者は相手からよく「山口さんは昔から文章がうまかったんですか？」と質問されることがあります。そんなときは、よく次のストーリーを語ります。「それが、新卒で出版社に入った当初は文章がヘタクソで、しょっちゅう先輩から怒られていました【マイナス】でも、先輩方の愛情あふれる「赤ペン先生」のお陰で【転機】、スローペースながらも文章がうまくなっていったんです【プラス】」。このように、マイナスからプラスへの変化を語るだけで、小さなストーリーが誕生します。ストーリーとは「点」ではなく「線」であり、線で動きを伝えることで、相手の頭にイメージが浮かびやすくなります。感情移入しやすくなるほか、印象や記憶にも強く残りやすくなります。

もちろん、流れを逆にすることもできます。「朝は元気だったけど【プラス】、営業先で契約が取れず【転機】、夕方頃はぐったりしていました【マイナス】」という具合です。何度もくり返し使える、鉄板のストーリーをいくつか準備しておくことをおすすめします。

Tips

18

どうしても
合わない人がいる

▼

自分の経験ポイントに変換する

「この人とは合わない」は、自然な気持ち。そのことについて特別な考えや感情を抱く必要はありません。

自分や相手を責めないこと。「合わない」と感じた瞬間に、経験値アップ! ラッキー!　と捉えよう。

会話する中で「この人とは合わない」と感じた時、何より大事なことは、その気持ちを否定しないことです。人はそれぞれ異なる価値観や感情を持っています。合う人もいれば、合わない人もいる。それは、ごく普通のことです。ごく普通のことなので、それ以上に何か特別な感情を抱く必要もありません。良し悪しをジャッジする必要もありません。「わたしとはタイプが合わないだけのこと」と心の中であっけらかんとしていればいいのです。

避けるべきは「この人とは合わない」と思った自分を責めてしまうことです。自分を責める必要は1ミリもありません。「こういう人もいるよね〜」と軽く流すことができた瞬間、あなたの人生経験は1ポイント増えます。この「1ポイント」とは、人間への理解を深める経験値のようなもので、これが高まるほど人間性に深みが出て度量も広がります。

もちろん、相手と合わないからといって、露骨に嫌がる態度を示すことはおすすめしません。むしろ、「**目の前の宇宙人（!）について調査するぞ」くらいの感覚で接すると、不思議なほどネガティブな気持ちが薄らいでいきます。**「自分とは異なる価値観の持ち主だ。どんな生い立ちなんだろう?」「どんなことに興味があるのかな?」と興味津々で調査を楽しめるようになると、あなたの人生経験はさらに1ポイント増えます。会話中に「この人とは合わない」と感じた時は、「宇宙人調査」のスイッチをオンに切り替えましょう。

Tips

19

機嫌が悪い人を相手にするのがムリ

▼

相手の機嫌をあなたが背負う必要なし

気配りは必要ですが、あなたが相手の機嫌を背負う必要まではありません。というか、人の機嫌を背負うことは誰にもできません。

相手の機嫌より、自分の機嫌を優先させることが大切。そのうえで、いつも通り接する、あるいは傾聴と共感を持って接しましょう。

相手の機嫌が悪い。うかない顔をしている。「なんだか気を使うなあ」と感じる時、どうすればいいのでしょう？　コミュニケーションである以上、相手に気を配る意識は持っているべきですが、相手の機嫌をあなたが背負う必要はありません。もっと言えば、他人の機嫌を誰かが背負うことはできません。防ぐべきは、相手の機嫌に影響されて、あなたが戸惑ったり、機嫌を損ねたりしてしまうことです。そうなっては本末転倒です。

相手の機嫌がどうであれ、あなたは、いつも通りに相手と接しましょう。腫れ物に触るような態度を見せるほど、相手の機嫌は（その状態で）強化されていきます。一方で、あなたが普段のあなたのままでいることによって、相手の機嫌は「あなた寄り」にチューニングされていきます。時間の経過とともに普段の状態へと戻ってくることもしばしばあります。

もちろん、「相手の機嫌を背負う必要はありません」は、相手の気持ちを無視しましょう、という意味ではありません。「相手の機嫌に引っ張られない」と決めながらも、相手の話に耳を傾ける姿勢が大切です。たとえば、相手がぐったりしながら「今日は仕事で疲れた」と言ったなら、「お仕事、お疲れ様でした」と気持ちに寄り添う言葉を返しましょう。あなたの傾聴と共感が、相手のガス抜きになるかもしれません。**相手の機嫌は相手のもので、あなたの機嫌はあなたのもの。**このベースを踏み外さないようにしましょう。

Tips

20

人のことを悪く
言ってしまう

▼

悪口を
封印することの
意外な効果

悪口は、自分に向けた刃にもなります。悪口を言ったときの爽快感は一時的なもので、長続きしません。

「自分も正しい、相手も正しい」へ舵を切ることが肝心。相手が発する悪口は避雷針のように受け流しましょう。

意外に思うかもしれませんが、誰かの悪口を言った時、実は悪口を言った人自身も傷ついています。悪口を言う時、その人は「自分は正しく、相手は間違っている」という自己防衛の状態にあります。同時に、心に怒りの感情を持っていることがほとんどです。

悪口を言うことで一時的に心がスッとすることはありますが、その爽快感は長続きしません。なぜなら、悪口を言うことは、自分の中にある「怒りの感情」に薪をくべているようなものだからです。悪口を言った結果、その怒りはますます燃え盛り、自分自身に大きなストレスを与えます。また、悪口を言う人は、常に「自分のいない所で、自分も悪口を言われている」という怖れをもち続けることになります。この状態を放置すれば、人間不信に陥り、メンタルをやられてしまうこともあります。

悪口を封印することは、「自傷癖」を治すことにほかなりません。自分への攻撃をやめることで「自分も正しいし、相手も正しい」という勝ち負けのない安心・安全な境地へと移行できます。もし相手が誰かの悪口を言い始めたら、その悪口に同調するのではなく、「避雷針」のようにその悪口を足先から流しましょう。悪口が長引く時は、話題を変えたり、一時的にその場を離れたりする（例えば、トイレに行く）などの対応を取りましょう。あなたはあなたの身を守ることを優先していいのです。

Tips

21

人と会うと緊張する…

▼

三つの対策で技術的にクリアする

まず前提として、「緊張＝悪物」ではありません。緊張していても、会話が成り立てば何の問題もありません。

おすすめの緊張対策は以下の3つ。①話題のネタを準備しておこう、②深呼吸で心拍数を下げよう、③ありのままの自分を受け入れよう

「人と会うと緊張する」と感じているあなたへ、まず知っておいてほしいことがあります。それは、緊張は人間にとって自然な反応であり、緊張しているからといって必ずしも会話が難しくなるわけではない、ということです。

緊張への対処法の一つ目は「準備」です。たとえば、知人の誘いで飲み会に参加するも、初対面の人たちとどう接したらいいかわからない……そんな時は、自己紹介として使えるネタをいくつか用意しておきましょう。仕事や趣味、家族についてなど、初対面で交わされやすい話題について事前に整理しておくことで、会話の流れに乗りやすくなります。

二つ目の対処法は「呼吸」です。人は緊張すると、呼吸が浅くなりがちです。深呼吸をすることで、心拍数が下がってリラックスしやすくなります。飲み会の直前、緊張感が高まったときは、胸いっぱいに深く息を吸い、ゆっくりと息を吐くことを心がけましょう。これを数回くり返すだけで、心拍数が落ち着き、緊張感が自然とやわらいでいきます。

三つ目の対処法は「自己受容」です。緊張は「自分をよく見せよう」とすることによって起きやすくなります。緊張してきたら「自分らしくいる」と覚悟を決めましょう。ありのままの自分を受け入れた瞬間から、緊張がやわらぎ、「会話が苦手なままでも、みんなが受け入れてくれる」と、その場にいる人たちを信頼する気持ちが芽生えてきます。

Tips

22

今ひとつ話に華がない気がする

▼

オノマトペで臨場感を演出する

オノマトペを使って会話に彩りを加えてみましょう。感情や感性も伝わりやすくなります。自然に浮かんできた「音」を言葉で表現しましょう。

「映像でイメージする」ことで、より臨場感をもって伝えることができます。ただし、あくまで会話の自然さを損なわないように。

会話に彩りを加える方法のひとつが「オノマトペ」の活用です。オノマトペとは、物が発する音や声を表した「擬音語」や、状態や心情、様子など音のしないものを音として表した「擬態語」のこと。**オノマトペを使うことで情報の伝わりやすさと臨場感が増します。**

たとえば「初めてのプロジェクト、とても楽しみです」よりも、「初めてのプロジェクト、楽しみすぎてワクワクが止まりません」のほうが、〈楽しみにしている感情〉がより伝わりやすくなります。「お腹が空いています」よりも「お腹がグーグー鳴いています」のほうが、ユーモラスで臨場感に富んでいます（相手との心の距離が近づきやすくなります）。

ふだんの会話にさり気なくオノマトペを差し込むだけで、あなたの感情や感性が相手に伝わりやすくなります。「メッセージをギュッと絞り込んでみました」「話を聞いて心がほっこりしました」「ここはガツガツいきましょう」「胸がキリキリ痛みました」「コツコツやり続けていきます」――いずれも会話に彩りと臨場感を生み出しています。

もちろん、オノマトペを使うことによって、会話の自然さが損なわれてはいけません。大事なのは、あなたが自分の気持ちや何かしらの様子について語るときに、**自然に浮かんできた「音」を大事にすることです。**ポイントは映像でイメージすることです。その映像の中で、どんな音が鳴っていますか？　その音を丁寧につかまえましょう。

Tips

23

どうしても苦手意識がぬぐえない

▼

寝る前に自分と対話する時間をつくる

寝る前に、今日あったことを細かくノートに書き出します。自分の感情や思考、行動のパターンを知ることで、自己理解が深まります。

書き出したノートは、会話のネタ帳として使えます。

「会話が苦手」という気持ちを解消する方法のひとつが「自己理解を深める」です。

自己理解を深めるためには、ひとりの時間を確保したうえで、自己対話を行う必要があります。たとえば、**1日の終わり、就寝前の10分、自分と向き合う時間を設けてみましょう**。その時間で、今日あったことを細かくノートに書き出します。これが自己対話です。「今日は何をした？」「今日得た気づきや学びは？」「今日味わった感情は？」「今日感謝したことは？」「今日の良い出来事は？」「今日の悪い出来事は？」——など、自己対話を続けることによって、自分の感情や思考、行動のパターンが見えてきます。その結果、自分に対する理解が深まり、自信が育まれやすくなります。

自己理解が深まると、会話中に質問されたことにもスムーズに返答できるほか、みずから話題も提供しやすくなります。なぜなら、ノートに書き出した経験が、実は会話のネタ代わりとなるからです。それらのネタは、あらゆる形でアレンジして使うことができます。たとえば、ある人が「最近、疲れがとれなくて……」と言った時に、自身のマイブーム（＝お風呂での首マッサージ）についてサッと伝える、といった具合です。

このように、自己対話の習慣化によって、自己理解と自信が深まり、なおかつ、会話のネタまで準備できてしまうのです。一石三鳥、スタートしてみてはいかがでしょう？

Tips

24

言われて嬉しい言葉は人それぞれ違う

▼

いわゆる「男性脳」と「女性脳」に注目

自分が言われて嬉しい言葉が、他の人にも当てはまるとはかぎりません。人それぞれ価値観は異なり、響く言葉や刺さる言葉も異なります。

いわゆる〈男性脳〉は、認められることが好き、〈女性脳〉は愛されることが好き。「違い」を知っておくだけでラクになる。

俗に言う〈男性脳〉と〈女性脳〉の違い（あくまで、それぞれの性別に多いとされている、物事の捉え方の特性）。簡単に言えば**〈男性脳〉は「認められたい」**で、**〈女性脳〉は「愛されたい」です**。その違いを少し知っておくだけで、言葉がけに工夫が生まれます。

「認められること」が大好きな〈男性脳〉は、自分の努力や達成した結果が評価されることを重視します。たとえば、男性（山田さん）にとって心地よい言葉がけは「今回のプロジェクトの最大の功労者は山田さんです。完璧なマネジメントとリーダーシップでした！」のように、その仕事ぶりを具体的に認め、評価する言葉です。

一方、「愛されること」が大好きな〈女性脳〉は、コミュニケーションの中で「人とのつながりを感じること」に喜びを感じます。たとえば、女性（佐藤さん）にとって心地よい言葉がけは「佐藤さんが一緒に考えてくれたお陰で、チーム全体がまとまりました。次回も力を貸してもらえたら嬉しいです」のように、彼女の存在や協力がどれだけ大切だったかを伝える言葉です。大事なのは包み込むイメージです。

なお、あなたが相談を受ける場合、相手が〈男性脳〉であれば、パキッと解決策を示すと喜ばれます。一方、相手が〈女性脳〉であれば、相手の悩みに共感する姿勢が何より大事。このような「脳の特性差のガイドライン」は、会話ベタのあなたの助けとなるでしょう。

Tips

25

正直でいると
人を傷つけそう
▼
相手を守る
方便のススメ

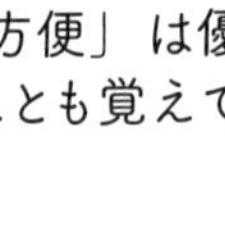

「ウソ」と「方便」は似て非なるもの。人間関係を損ねないための気遣いに、罪悪感を抱く必要はありません。

「正直すぎる」が罪になることもある。「方便」は優しさ、ということも覚えておきましょう。

悪気なく発した言葉で、予期せず相手を傷つけてしまった経験はありませんか？「正直に言っただけなのに……なぜ？」と戸惑いを感じ、以来、会話をすることにわずらわしさを感じたり、恐れを抱いたりしている人もいるかもしれません。

そんなあなたにお渡しする処方箋は「方便」です。たとえば、目の前に現れた友人の服の色やデザインが、その友人に合っていないと感じたとしても、「それ、なんかヘンだよ」と正直に言ってしまうと、相手を傷つけてしまうかもしれません（信頼関係の度合いによります）。そんな時は「個性的な服だね。着こなすのが難しそう」のように言う。この言い方であれば、友人の気持ちを尊重しつつ、あなた自身の感想も伝えられています。

人間関係では、思ったことを率直に口にすることがベストとは限りません。場合によっては、相手の気持ちを害さないよう、適切に「方便」を用いることが肝心です。会話における「方便」とは、〈人間関係を損ねないこと〉を目的とし、相手の気持ちや立場を考えて、最適な言葉を選ぶこと。これは、ウソとは次元の違うものです。言うなれば、相手と良好な関係性を築くうえで有効な「優しさ」です。ですので「方便」を使うことに罪悪感を抱く必要は1ミリもありません。「私はウソをつくことが苦手だから、会話に向いていない」と思っている人にこそ、人に優しい「方便」という武器をオススメします。

Tips

26

大人数での会話は重圧が強すぎる

▼

重圧がかかる前の先手必勝法

大人数が参加する会話では、とりあえず序盤に何か発言をしておきましょう。それだけで気持ちが和らぎ、リラックスして会話に臨めます。

軽めの話題をいくつか用意しておきましょう。あとは、「話題提供→リアクション」で会話を広げます。

大人数が参加する会話では、時間が経つほど「まだ何も発言していない」と、プレッシャーを感じやすくなります。このドキドキ感を和らげるためには、先手を打つ戦略がオススメです。たとえば、ミーティングの冒頭で「○○の方法は効率的だと思います」と簡潔に意見を述べてみるのです。真っ先に発言することで気持ちがラクになります。

いつでも先手が打てるよう、どんな人でも話に加われる話題をいくつか用意しておくといいでしょう。「睡眠の質が下がるので、私は寝る前の1時間はスマホを見ないようにしています。みなさんはどうですか？」と自分の考えや体験を絡めて話題を投げると、そこから自然と話が盛り上がりやすくなります。もし誰かから質問されても、自分の体験や興味に基づく話題なので慌てずに答えられるでしょう。

その話題で会話が盛り上がったら、そのあとは、発言者の話をしっかり聞くことが大切です。相手の話を受けて質問や感想を述べることで、会話の輪から外れにくくなります。たとえば、「へえ。興味深い方法ですね。もっと詳しく教えていただけますか？」とリアクションすることで、相手への関心を示しながら会話の流れに自然と乗ることができます。

もしも先手が打てなくても慌てる必要はありません。今の話が一段落したらこの話題を投げよう、と準備さえできていれば、気持ちに余裕が生まれるはずです。

Tips

27

相手の雰囲気に引きずられてしまう

▼

人の感情にコントロールされない

相手の感情と自分の感情を分けること。相手のネガティブな感情を自分の感情と錯覚しないように。

感情の舵を相手に取らせず、自分の感情を守り抜きましょう。

会話に苦手意識を持つ人の中には「共感力」が高すぎるあまり、相手の感情に引きずられてしまう人がいます。たとえば、相手が何かに恐れを抱いている人だったとしましょう。あなたは、「相手のネガティブな感情（＝恐れ）」を、あたかも自分の感情であるかのように錯覚してしまい、よくわからない恐れに支配されてしまうのです。

ここで重要なのは、相手の感情と自分の感情を明確に分ける意識です。**相手に寄り添う気持ちを持ちながらも、一方で、自分の感情を相手に明け渡してはいけません。**たとえば、仕事の打ち合わせで、相手がオドオドしていると感じた時、あなた自信がオドオドする必要はまったくない、ということ。自分の感情を守り抜かなければいけません。

「もしや、自分の感情を明け渡そうとしているのでは？」と気づいた時は、ひと呼吸置いたうえで、自分の考えや気持ちを素直に話しましょう。すると、迷走・暴走しかけていた感情のギアがニュートラルに入り、自然と落ち着きを取り戻すことができます。

日常会話も同様です。たとえば、友人との会話で、あなたが、ふだんは言わない悪口を言い出したとしたら、それは、悪口を言う友人に引っ張られてしまっているのかも。そんな時こそ、「ひと呼吸置く→自分の考えや気持ちを素直に話す」で、感情の伝染を断ち切りましょう。相手に共感することと、自分の感情を明け渡すことは似て非なるものです。

Tips

28

「すごい人」に
緊張してしまう

▼

無意識に持っている
差別意識に
気をつける

緊張の原因は、自分自身の「特別視」です。地位の高い人も有名人も自分と同じ人間だということを忘れずに。

まずは、「すごくない人」への接し方を見直してみましょう。

「すごい人」と会話する際、過度に緊張してしまうことはありませんか？　その原因は、意外にも、あなたの中に潜む「差別意識」にあるかもしれません。

たとえば、会社の上司や業界で有名な人物と会話する時、彼らを「特別な存在」として見てしまう。この「特別視」が、実は緊張の源です。彼らを「すごい人」と見ることで、自分を相対的に「普通」や「劣っている」と位置づけてしまうのです。

この緊張を和らげるためには、「相手も自分と同じ人間である」という事実を心に留める必要があります。たとえ、相手の地位が高かったり、実績が豊富だったりしても、彼らもまた、家に帰れば、家族との時間を過ごし、休日には趣味やレジャーを楽しみ、大小さまざまな悩みや不安もある——といった、ごく普通の日常を送っています。

最後に、少しだけ耳の痛い話を。「すごい人」に緊張してしまう人は、同時に、多くの人を「すごくない人」と見下している可能性が大です。つまり、自然と相手のことを格上・格下と見るクセがついてしまっているのです。このマインドの人は、（無意識のうちに）格下の人に横柄な、あるいは無関心な態度を取ってしまっている恐れがあります。**この差別意識を取り除くための特効薬は、「すごくない人」への敬意を持つことです。**「すごくない人」への接し方が変わると、「すごい人」に対する緊張も和らいでいくはずです。

Tips

29

壁を作ってしまっているのが自分でもわかる

▼

積極的にうなずくだけで心が開く

マインドは「種（＝思い込み）」でできています。会話ベタな人は、みずから進んで会話への恐れや不安を強める「種」を植えてしまっています。

積極的にうなずくだけで「種」が植え替わり、一気に現実が変わります。

会話への心のブロックを外す効果的な方法があります。それは、1対1、1対多を問わず、相手の話に真剣に耳を傾けながら「うんうん」と積極的にうなずくことです。積極的にうなずく人の心には「人はしっかりと話を聞いてくれるものだ」というマインドが養われていきます。なぜなら、自分が「しっかり話を聞く」の実践者だからです。

マインドというのは、実は、良くも悪くも「種（＝思い込み）」でできています。「人の話をしっかり聞く」を実践することで、その人の中で「人はしっかりと話を聞いてくれるものだ」という種ができます。この種を持っている人には、会話に対する恐れや不安が芽生えません。つまり、常に相手を信頼した状態で会話にのぞむことができるのです。

一方、自分がふだん、「積極的にうなずかない」といった態度をとり続けていると、その人の中で「人はしっかり話を聞かないものだ」という種ができます。その種を持ったまま会話に臨めば、「人は話を聞いてくれない」と疑心暗鬼に陥り続けることになります。

「自分の話はつまらない」と思っている人も同じです。そういう人は、いつも相手の話を「つまらない」と思いながら聞いてしまっている可能性が大です。現実を変えたいなら、種の植え替えが必要です。あなたが、相手の話に真剣に耳を傾け、また、「おもしろい」と思いながら聞くことで（＝種を植え替えることで）、一気に現実が変わり始めます。

Tips

30

相手に嫌われているような気がする

▼

目が合わないのは嫌われているからではない

相手が目を合わせなくても、気にする必要はありません。目を合わせない理由は相手にあります。自分のせいではありません。

相手に好意を向け続けるかぎり、相手に嫌われることはありません。会話が苦手な者同士、慌てず関係性を築きましょう。

初対面、あるいは、まだ数回しか話をしたことのない相手が、会話中にあまり目を合わせてくれない。そんな時に「この人のこと苦手かも……」と思うことはありませんか？

しかし、相手が、あなたのことを嫌っている可能性は、ほとんどありません。多くの場合、**相手が目を合わせてくれない理由は、その人自身に「怯え」や「不安」「照れ」などがあるからです。**「目を合わせてくれない」のではなく、「目を合わせることができない」のです。

ですので、目を見ない相手に対して「話しにくい……」と感じたとしても、慌てず大らかな気持ちで接しましょう。「怯えなくていいですよ」「わたしも会話が苦手なタイプです」と心の中でエールを送りつつ、好意的に相手の目を見つめましょう。あなたが心の中で手を差し伸べることで、少しずつ相手の緊張とバリアが解けていきます。

避けるべきは、相手が目を見てくれないことを、大事（おおごと）に捉えてしまうことです。「嫌われているのかな？」と勝手な妄想を始めてしまうとどツボにハマりかねません。相手が目を合わせなくても、あるいは、言葉数が少なくても、その責任はあなたにはありません。それどころか、相手は、あなたと仲良くなりたくてドギマギしているだけかも。大切なことは、相手がどういう状態か、ではなく自分がどういう状態か、です。あなたが落ち着いて、敬いと好意を向け続けるかぎり、相手に嫌われることはありません。

Tips

31

相手の反応の悪さに心が折れる

▼

自分の課題でないなら気にしない

相手の課題には踏み込みすぎず、自分から切り離すこと。

相手の反応に一喜一憂せず、自分らしく話をすることに集中しましょう。

会話を苦手に感じる人ほど相手の反応を過度に気にしてしまう傾向が強めです。とくに相手が退屈そうにしていると、自分の話術や魅力の不足を責めがちです。

ここでアドラー心理学の「課題の分離」の考え方が役立ちます。アドラー心理学では、自分の課題と他人の課題を区別する重要性を説いています。**会話の相手がつまらなそうにしている場合、それがあなたの課題である可能性はほとんどありません。**相手が楽しむかどうかは、相手の課題です。したがって、相手の反応を敏感に捉えすぎて、自分を責めてはいけません。相手の反応に一喜一憂せず、自分らしく話をすることに集中しましょう。

もちろん、相手の反応を観察しつつ、会話の内容をチューニングする柔軟性は大切です。相手が興味を示さないなら、さり気なく別の話題に切り替える、という具合です。この際に、自分の話題や伝え方が悪かった――と自己否定する必要はありません。〈(相手は)この話題は興味がなかったのね〉と穏やかな気持ちで次の話題に移ればいいだけです。

会話を苦手にしている人ほど、相手の課題を自分の課題と誤解し、勝手に責任を感じてしまっています。相手の課題をあなたから切り離すだけで、会話に対するプレッシャーが減り、リラックスして会話を楽しむことができるようになります。会話について自分を責めそうになった時は、何はさておき「それは本当に自分の課題か？」と考えましょう。

Tips

32

つい謝ってしまう

▼

「すみません」「そうですね」を口癖にしない

「下《した》手《て》に出たほうが無難」という価値観は、本当に正しいのでしょうか？

無意識に「すみません」と謝ったり、「そうですね」と同意してしまうと、相手の信頼を失います。

「すみません」と「そうですね」という二つの言葉を無自覚に乱用してはいけません。相手に「自分の意見がない人」「何も考えていない人」と見下されてしまう恐れがあります。

「すみません」は、謝罪のニュアンスを含む言葉です。たとえば、資料の誤字を指摘されたなら、「すみません。チェックが甘くて……」と謝罪や言い訳をする代わりに、「ご指摘いただき、ありがとうございます。すぐに修正します」とお礼と改善策を伝えましょう。相手に責任感のある印象を与えることができます。大事なのは、やみくもにお詫びすることではなく、本当に謝罪が必要なのか、状況を見極めたうえで言葉を使うことです。

「そうですね」は、相手の意見に同意する際に使う言葉です。しかし、同意していない（同意したくない）場面で使えば、自分にウソをつくことになります。同意していないなら、「その視点はおもしろいですね。一方で、私は少し異なる見方をしていて～」のように、自分の意見を伝えることで、建設的な意見交換をしやすくなります。

あなたが会話に苦手意識を持っている原因は、あなたの中にある「下手《したて》に出たほうが無難／相手に合わせなくてはいけない」という偏った価値観にあるのかもしれません。その価値観は本当に必要なのでしょうか？　世の中には、下手に出る人のことを、なめてかかる人もいます。変ななめられ方をしたくなければ、この機会に偏った価値観を捨てましょう。

Part 2

場面別の簡単な技術を覚えるだけでいい

（いざ会話の現場に
立ったときにちゃんとできるか。
それが問題だ）

「場面ごとに
会話の目的は
大きく異なります。
ちゃんとできなくても、
目的を達成できれば
それでヨシです」

考えてみたら、
会話にもいろんな場面や種類がある…

「場面ごとの型や
意識すべきことを、
ひとまず機械的に
覚えましょう」

Tips

33

友人や同僚と雑談する

雑談を長々と続ける必要はありませんし、変に盛り上げる必要もありません。本題を話すきっかけが生まれたらそれで十分です。

重い話題ではなく、身近なトピックを選びましょう。まじめに考えすぎず、「雑でいい」と思いましょう。

「会話が苦手」と感じる人でも、気軽に雑談を楽しめるコツがあります。

そのひとつが軽めのトピックを持ち出すことです。天気や季節、美味しい食べ物、最近見たドラマのことなど、身近な話題が、雑談にはぴったり。たとえば、「今日は本当に暑いですね。水分をたくさん取らないと熱中症になりかねません」のような話題からスタートしましょう。重たい話題から入ってしまうと、相手が構えてしまうかもしれません。

雑談では、相手の話に興味を示したうえで、こちらから気軽な質問を投げかけることも重要です。これにより相手との会話が広がりやすくなります。たとえば、「家庭菜園、楽しそうですね。始めたきっかけは何だったんですか?」といった具合です。

雑談時には、自分の経験や感想をシェアする手法も有効です。その際、心がけるべきは「オープンハート」です。たとえば、楽しそうに「最近、渋谷に素敵なカフェを見つけたんです。店内に流れるヒーリング音楽に癒やされています」と話すことで、相手は「気軽に話せそうだ」と思い、こちらが開いた心と同じレベルまで心を開いてくれます。

雑談は長々と続ける必要はありません。変に盛り上げる必要もありません。相手との間にある壁が少し崩れ、話しやすい雰囲気が生まれたらそれで十分。会話が苦手な人ほど雑談を「まじめ」にしようとしてしまいます。**「雑談は雑でいい」。この精神でいきましょう。**

Tips

34

一緒にごはんを食べる

ごはんを食べながら会話する時は、「食」から雑談ネタを拾うことで“場もち”しやすくなります。

聞き役に徹してもOK。沈黙も恐れることはありません。

一緒にごはんを食べる時間は、相手と心の距離を近づける大チャンスです。まずは共通のテーマである「食」に注目し、「わー、素敵な盛り付け」「素材の旨味と塩のバランスがいいかも」「和モダンなテイストが落ち着きますね」と気軽に感想を伝えればＯＫ。気の利いたことを言う必要はありません。大事なのは、料理の味や盛り付け、食器、お店の雰囲気などで、気づいたことや思ったことをパッと口にすること。あなたがリラックスして食事を楽しむことによって、相手も気を遣わずに素の自分を見せるようになります。

話すのが苦手な人は、「聞き役」に徹しましょう。「えー、そんなことが！　それで、そのあとどうなりました？」と、相手の話に興味を示し、前向きにリアクションすることによって、相手も気持ちよく話をしてくれます。ある程度食事が進んだら「教えてもらっていいですか？」と相手に聞きたいことを質問をしたり、「実は最近少し悩んでいて……」と相談をしたりすることで、相手との関係性を深めていくことができます。

もし会話が途切れても、焦る必要はありません。**あなたが〈沈黙も楽しみましょう〉と思っているかぎり、相手との関係性が損なわれることはありません。**逆に、焦れば焦るほど、その気持ちが相手に伝搬し、ぎこちない雰囲気になってしまいます。会話のない静かな時間も心地よいもの。無言の時間を恐れず、リラックスして食事を楽しみましょう。

Tips

35

仕事を依頼する

ポイントは「相手の強み」や「過去の実績」を評価すること。

お願いの仕方がぎこちなくても心配ありません。とにかく「相手の自己重要感を満たす」ことが大事。

仕事を依頼する際に大事なことは「あなたの力が必要だ」というスタンスです。なぜなら、**人は自己重要感を満たしてくれる人のことが大好きだからです**。お願いの仕方がぎこちなくても構いません。大事なことは「あなたの力が必要だ」という熱意のみです。

ポイントは「相手の強み」や「過去の実績」を評価すること。相手はその評価を意気に感じ、「自分を買ってくれているこの人の力になりたい！」と思うことでしょう。

例1　今回もバナーを作るお仕事をお願いします。

例2　「売れるバナーを作れるのは田中さんしかいない」というのが販促部内の一致した意見です。今回も田中さんの手腕をお貸しいただけると嬉しいです。

言うまでもなく、田中さんにとって嬉しいのは、自己重要感を満たす例2の依頼です。

一方で、「自分のことを評価していない」「敬意が感じられない」と感じた場合、相手が快諾する確率は低まります。仮に（しぶしぶ）引き受けてくれたとしても、その低いモチベーションで、クオリティの高い仕事をしてもらえるとは考えられません。

「田中さんに受けてもらえたら、こんなに嬉しいことはありません」と熱い想いを伝えることも有効です。あなたは、ただ一途《いちず》に「相手を高く評価する役」をまっとうするのみ。その結果、相手から「快諾」という大きな成果を手にすることができるでしょう。

Tips

36

協力を求める

相手の立場や気持ちに配慮しながら、自分の窮状を正直に伝えましょう。

おおよその台本「相手への配慮→お願い→理由→感謝」を用意しておく。

「協力を求めたいけど、どう伝えたらいいかわからない」という人に、快諾を得やすい「協力の求め方」をお伝えします。大事なのは、相手の立場や気持ちに考慮して、かける言葉を工夫することです。たとえば、同僚に対して一方的に、「この資料、チェックしてもらえない？」と頼むのではなく、「今、忙しいかな？　もし可能なら、この資料のデータのチェックを手伝ってもらえると助かるんだけど……どうかな？」と、相手に寄り添う形でお願いすることで、相手から「イエス」の返答をもらいやすくなります。

また、協力を求める理由を明確に伝えるほか、「専門性の高い木下さんにサポートいただけたら百人力です」と相手の能力を評価する言葉をかけたり、「実はプレゼン資料作成が遅れていて困っています。助けてもらえると嬉しいです」と、自分の窮状を正直に伝えたりすることも大事です。もちろん、協力してもらった後は「本当に助かりました。ありがとうございます」と、ていねいに感謝の気持ちを伝えることを忘れずに。

会話が苦手な人は、その場で緊張してドギマギしないよう、事前におおよその台本を準備しておいてもいいでしょう。ポイントは「要点を絞ってシンプルに」です。**基本の流れは「①（忙しい相手への）配慮→②協力のお願い→③（相手を評価する形の）理由→④感謝」**。余計な言い訳や弁明はせず、台本の流れに従って話すことを心がけましょう。

Tips

37

自己紹介する

自己の基本情報を簡潔に伝えます。聞かれそうな質問の答えをあらかじめ準備しておきましょう。

相手の自己紹介に対して、ちゃんと関心を示すことも重要です。趣味や特技の話題で会話をふくらませるのもあり。

会話を苦手とする人にとって、自己紹介は特に高いハードルのひとつです。しかし、自己紹介は新しい人間関係を築く第一歩。大げさに捉えず、お互いの基本情報を交換することを目的として、リラックスした気持ちで取り組みましょう。

自己紹介をする際、最初に考えるべきは「何を伝えたいのか」です。**余計な情報は省き、名前、職業、趣味など、基本的な情報を簡潔に伝えることがポイントです。**たとえば、プライベートの交流の場であれば、「こんにちは、田中と申します。食品メーカーで経理の仕事をしています。休日は山登りを楽しんでいます」などと伝えると良いでしょう。自身の趣味や特技、マイブームなどを折り込むことで、相手の興味を引きやすくなります。

相手からの質問には、答えを事前に準備しておくとスムーズです。趣味が山登りなら、「登山の醍醐味は四季折々の風景を味わえることです」「先週は日本で二番目に高い北岳に登りました」といった話題を用意しておくと良いでしょう。相手が興味を示してきたときは、その話題で会話を広げることができます。

なお、相手の自己紹介にも興味を示すことが大事です。特に相手の趣味や特技は、相手にとって「話しやすいテーマ」です。「どんなところが○○の魅力ですか？」「やっぱり○○は楽しいんですか？」と前向きに質問することで、会話がふくらみやすくなります。

Tips

38

説明する

説明で一番大事なことは、「正確に伝える」ことです。そのための簡単なテクニックがあります。

①伝えたいポイントを事前に整理する、②具体例で相手の理解を深める、③重要ポイントはくり返し伝える、④相手に質問を促す。

説明がヘタだと、相手に正確に伝わらず、誤解を招くリスクが高まります。しかし、簡単なテクニックを取り入れることで、そのリスクを低めることができます。

まず、説明する前に、**伝えたいポイントを整理**しておきましょう。たとえば、新しい製品の開発について報告する場面では、新しい製品の主な特長、開発の進行状況と今後のスケジュール、そして求められていることや協力してほしいことなどを、それぞれ明確にしましょう。伝えたいポイントが明確になれば、自信を持って話すことができるでしょう。

また、複雑な内容に関しては、**具体例を用いて説明する方法**が有効です。たとえば、「新しい製品にはＡＩ技術を導入しています」という情報だけでは、ぼんやりした説明になってしまいますが、「このＡＩはユーザー一人ひとりの食の好みを予測して、そのつど最適なレシピを提案します」と具体例を挙げることで、相手の理解が格段に深まります。

さらに、**重要なポイントにくり返し触れる**ことで、相手の理解が深まりやすくなります。説明の最後に、重要なポイントを振り返ることもお忘れなく。

なお、相手が理解しているかどうかを確認するため、**相手に質問を促す方法**もオススメです。「何かわからない点や、具体的に聞きたいことはありますか？」と質問することで、相手の理解度を確認することができ、同時に説明の「ヌケ・モレ」も防ぐことができます。

Tips

39

お礼を伝える

とにかくスピードが命。お礼の場合、「早さ」は「質」にまさります。

お礼を言うことで確実に相手との関係性を深めることができます。自分と相手の双方にとって、ありがたいコミュニケーションです。

「お礼を伝える」は、最もシンプルで、しかし確実に相手との関係性を深められる行為です。大げさなお礼は必要ありません。心を込めて「ありがとう」と伝えるだけで十分です。大切なのは、表情と声のトーンのみ。**表情は「ほがらか」、声のトーンは「少し明るめ」を意識します。**せっかく「ありがとう」と伝えても、表情や声が沈んでいれば、残念ながら相手に「本当は感謝していないのかも?」と受け取られてしまう恐れがあります。

言葉で伝えるのが難しい場合、態度やジェスチャーで感謝の気持ちを示す方法も有効です。たとえば「笑顔を見せる」「笑顔でうなずく」「手を合わせる」「手を振る」などです。

大きな施しや協力、援助などを受けた時は、「ありがとう」とともに、具体的な感謝のポイントを伝えましょう。「ありがとうございます。資料をまとめるだけでなく、最新データまで追記してくれて、本当に助かりました」という具合です。もちろん、過去に受けた施しに対しては、「その節はスピーディーに在庫補充いただき、本当にありがとうございました」と、改めてお礼を伝えることをお忘れなく。

なお、直接お礼を伝えられない場合は、メールやチャットでお礼しましょう。**「早さ＝感謝の強さ」です。**その日の夕方にお礼されるのと、数日後にお礼されるのとでは、受ける印象に雲泥の差が生まれます。「早さ」は「質」にまさる、と心得ておきましょう。

Tips

40

お詫びする

お詫びはシンプルに、素直に。お詫びの成功は、「覚悟」にかかっています。逃げずに誠実に対応しましょう。

状況次第では失敗の原因や今後の解決策も伝えることで、相手からの信頼を得やすくなります。

謝る時のカギは「シンプルさ」と「ストレートさ」です。複雑な言葉を選ぶ必要はありません。まずは「すみません」「申し訳ございません」という基本的な言葉で、心からの謝罪の気持ちを表現することが大切です。忘れ物をしてしまった場面であれば、「大変失礼しました。私の不注意で……」と迂回せずに、「申し訳ございません。○○資料を忘れてきてしまいました」と伝えるのです。「言い訳」や「責任逃れ」を考えた瞬間に身体が硬直して会話がギクシャクします。**〈失敗は誰にでもある。大事なのは、その失敗を認めて次に活かすこと〉と心に留めることで、お詫びすることへの覚悟が決まります。**

相手が原因について聞いてきた時は、ごまかさずに原因を伝えましょう。その際、相手が見ているのは原因そのものではなく、あなたが誠実にお詫びをしているかどうか、です。ごまかそうとすること自体が、誠実なお詫びをする態度とは言えません。覚悟を決めて「納期を翌週と勘違いしておりました」と素直に原因を伝えましょう。

謝罪のあと、問題の解決策や再発防止策を提案をすると、相手の信頼を得やすくなります。提出書類にミスがあった場合なら、「修正のうえ再提出します。今後はチェックを徹底して同じミスがないよう注意します」という具合です。お詫びの成功は「覚悟」にかかっています。逃げずに誠実に対応した時、あなたは人間的に大きく成長するでしょう。

Tips

41

弁明する

相手の誤解や不信感を解消するための「弁明」はOK、でも「言い訳」はNGです。

弁明する時は、感情的にならず事実を中心に話しましょう。簡潔に伝えることで相手に理解してもらいやすくなります。

会話中、「自分の意見や行動を理解してもらいたい」と感じ、つい焦ってしまうことはありませんか？　しかし、熱の入りすぎた弁明は、悪印象を与えてしまうことがあります。
弁明する際に、感情が高ぶってしまうと、相手から「攻撃的だ」と思われてしまうことも。まず、深呼吸をして落ち着きを取り戻しましょう。そして、感情的にならず「昨日のクレーム案件について、少し説明させてください」と事実を伝えることに集中しましょう。**重要なのは、相手をやり込めようとせず、冷静に事実を伝えることです。**

また、長すぎる弁明は避けましょう。「昨日、メルマガ配信が5時間ほど遅れた件ですが、メルマガスタンドにシステム障害が発生していたことが判明しました」くらいの簡潔さが理想です。その後、相手が求めてきた時は、より詳細な説明をしていきます。

弁明自体は、してはいけないものではありません。**してはいけないのは「言い訳」や「責任転嫁」です。**弁明することに罪悪感を抱く必要はまったくありません。

そもそも、弁明と言い訳は、似て非なるものです。「弁明」は事実や理由を述べて説明することですが、「言い訳」は、自分の過ちや失敗を正当化するものです。保身の気持ちが強すぎると、「弁明」ではなく「言い訳」と受け取られかねません。感情を抑えつつ、自分が今「相手の誤解や不明点を解消するため」に話している、という意識を強めましょう。

Tips

42

悩みを相談する

悩み相談では、相談相手を選ぶことが最重要。相談の冒頭で、簡潔に相談内容を伝えましょう。

具体的に相談すると、相手がアドバイスしやすくなります。もちろん、アドバイスはしっかりと聞くことがマナーです。

悩み相談でまず大事なのが、相談相手に「信頼できる人」を選ぶこと。ふだん自分のことを否定する人や、興味・関心を示してくれていない人を相談相手に選んではいけません。親しい友人や家族、同僚や上司など、自分の悩みを理解してくれる人を選びましょう。

会話が苦手な人は、緊張も相まって、話が冗長になりがちです。あらかじめノートなどに相談内容をまとめておきましょう。頭の中を整理しておくことで、相談中に頭が真っ白になったり、話が迷子になったりする確率を下げることができます。

また、相談の冒頭で、簡潔に相談内容を伝えましょう。「上司の言葉がキツくて悩んでいます」「営業成績が伸び悩んでいます」という具合です。初めから背景や状況をくどくどと語らないよう注意しましょう。相手から聞かれた時は、必要に応じて背景や状況を語ってOK。**質問にははぐらかさずに正直に答えましょう。**相談しているあなたが情報を隠したり、ごまかしたりすると、相手の「相談に乗る意欲」が失われてしまいます。

アドバイス（解決策）が欲しいときは、「最近、忙しくて残業続きです。どうしたら残業を減らせますか？」と具体的に伝えることで、相手がアドバイスしやすくなります。

アドバイスを受ける際は、その話をしっかり聞くことがマナーです。くれぐれもアドバイスへの批判をしないように。相談に乗ってくれたことへの感謝の気持ちを示しましょう。

Tips

43

悩み相談に乗る

悩み相談は「相談者に寄り添う」が9割と考えましょう。押し付けがましいアドバイスはNGです。

相手を否定・批判してはいけません。「共感の言葉」をかけることで相手は救われます。

悩みの相談に乗ることを負担に感じる人もいるかもしれません。しかし、他人の悩みに耳を傾ける際、特別な会話力は必要ありません。大事なのは寄り添う気持ちだけです。

悩みを打ち明ける人の多くは、具体的な解決策を求めているわけではありません。彼ら彼女らの最大のニーズは「とにかく話を聞いてもらいたい」です。友人が「最近、仕事がうまくいかなくて……」と話し始めたら、途中で「それなら、こうしたら？」とアドバイスをするのではなく、相手が話し終わるまで静かに聞きましょう。

良い相談相手とは、相手が自分で答えを見つけられるよう手助けできる人です。あなたが「それで、どう感じたの？」や「具体的にどんなことがあったの？」といった質問を投げかけることで、相手は自分の気持ちや考えを整理しながら話すことができます。相手が話し終えたら「それは大変だったね」と共感の言葉を返すことで安心感を与えることができます。くれぐれも相手を責めたり、否定・批判したりしないよう注意しましょう。

自分の意見や経験を話すのは、相手が求めて来てからでＯＫ。その時も「参考になるかわからないけど、私だったら～」のように、押し付けがましくない表現を選びましょう。

相談に乗ったあとは、自分に悩みを打ち明けてくれたことへの感謝の気持ちを伝えましょう。相手は、あなたに相談して良かった、と心から満足してくれることでしょう。

Tips

44

困っている人を助ける

気の利いた言葉を選ぶ必要はありません。困っている人を助けることで、自分も前向きになることができます。

「助けたい」という気持ちを伝えることに、大きな意味と価値があります。小さな声がけから始めましょう。

困っている人を助ける際、会話の得意・不得意は関係ありません。大切なのは「助けたい」という気持ちと態度です。その気持ちを伝える最良の方法が「小さな声がけ」です。たとえば、職場で同僚がタスクに追われている時、複雑なアドバイスをする必要はありません。「大変そうだね、何か手伝えることある？」とひと声かけるだけで、相手の心に温かさを届けることができます。プロジェクトの進行中に困っているスタッフを見つけた時であれば「これ、私がやろうか？」、同僚がＰＣトラブルに見舞われているなら「再起動してみた？」とアドバイスをする、など。「小さな声がけ」をするうえで、特別なスキルや知識は必要ありません。もちろん、流暢な話し方や気の利いた表現も不要です。

声がけのタイミングに迷う人もいるかもしれませんが、**あなたが「助けたい」と思った瞬間こそが最適なタイミングです。**もし相手に申し出を断られても、気にする必要はありません。相手が断ったのは、あなたが悪いわけではなく、相手の事情にすぎません。

なお、小さな声がけをすることで、自分自身が前向きな気持ちになれる点も大きなメリットです。**他人を助けることで、自分の存在価値や役割を再認識し、自信や誇りを感じることができるでしょう。**「小さな声がけ」をするたびに、人間の器がひと回り大きくなっていく。会話が苦手な人にとって、困っている人を助ける場面は、実はチャンスなのです。

Tips

45

労《いたわ》る＆労《ねぎら》う

「労る（いたわる）」ことで信頼関係が強まります。言葉数を必要としないため、会話が苦手な人でも負担は少なめです。

「労う（ねぎらう）」ことで相手の頑張りを認めましょう。こちらも、ハードルは低く効果は大きいコミュニケーションです。

「労る（いたわる）」とは、優しく接して相手の苦労を慰めることです。少ない言葉数で相手の感情に寄り添えるため、会話を苦手にしている人への負担が少なめです。

たとえば、友人が新しい仕事を始めたばかりなら「新しい環境で大変だろうけど、応援しているから」と言ってみてください。友人が失恋した場合は「それは辛いね。何か話したいことがあればいつでも聞くよ」と声をかけるだけで、相手は労られていると感じるでしょう。**労りの裏には「私はあなたのことを思っている」というメッセージが込められています。**相手にとっては「その（自分を大事にしてくれる）気持ち」が何より嬉しいのです。

一方、「労う（ねぎらう）」とは、相手の努力や苦労を認め、感謝の気持ちを表すことです。労いの言葉をかけることで、相手は自分の頑張りが認められたと感じ、モチベーションが高まりやすくなります。たとえば、同僚がプロジェクトで大きな成果を上げたなら「プロジェクトの成功は山本さんの尽力のお陰です。本当にお疲れ様でした」と伝えることで、相手は自分の仕事に誇りを感じ、次回のプロジェクトにもさらに力を入れるでしょう。

会話が苦手な人にとって、労《いたわ》る・労《ねぎら》うは簡単かつ効果的なコミュニケーション方法と言えます。相手の気持ちを尊重し、その感情に寄り添うことで、自然と心の距離が縮まっていきます。誰かを労る・労う時、あなたの心も優しさで満たされていくことでしょう。

Tips

46

仲裁に入る

具体的に仲裁に入るのは、双方にヒヤリングを行い、それぞれの感情や言い分を把握したタイミングで。

公平な立ち位置から、平和的な落とし所へいざないます。双方の態度が軟化し、解決へ向けて足並みがそろうところまでを目指します。

仲裁は難しそうに感じるかもしれませんが、コツさえ押さえれば、会話が苦手な人でもうまく対応できます。仲裁では、まず双方の話をしっかり聞くことが大切です。そのうえで「Aさんのおっしゃる点は、これで合っていますか？」や「Bさんは、その部分についてどう感じていますか？」と確認を挟みながら、それぞれの意見を適切に把握していきます。

次に、相手の感情や意見を認めることも肝心です。たとえば「そこがAさんにとって重要なポイントなんですね」や「Bさんは、そんなふうに感じたんですね」のように、考えや気持ちを受け止めることによって、両者の気持ちを落ち着かせることができます。

仲裁者であるあなたが具体的な仲裁に入るのは、双方の立場や言い分を十分に理解したタイミングです。その際、「それぞれの意見を踏まえると、論点は〇〇のように感じます」という具合に、双方が納得できる落とし所へいざなうことができればベターです。

双方が解決に向けて前向きな姿勢を見せ始めたら、具体的なアクションを促す言葉をかけてもいいでしょう。「どちらの意見も一理あると思います。方向性をそろえるために、何かいい落とし所はありそうですか？」という具合。公平な立ち位置から平和的な声がけをすることによって、双方の気持ちが軟化し、解決へ向けて足並みがそろい始めます。**仲裁者は何があっても両者の味方**——その気持ちさえあれば恐れることは何もありません。

Tips

47

内緒にする

話したくないことを質問されたときに慌てないように、ふだんから「話してもいいこと・話したくないこと」の線引きしておきましょう。

質問をさり気なく受け流したり、話題を切り替えたりすることで、内緒にしていることに気づかれにくくなります。

会話が苦手な人の中には、話したくないことについて質問を受けることに抵抗を感じる人もいるでしょう。もちろん、完全な秘密主義だと、さすがに相手もいい気がしません。しかし、だからといって、自分のすべてをオープンにする必要もありません。あなたには「話したくない事柄を内緒にしながらも、安心して会話を楽しむ権利」があります。

まずは自分の中で、何を話して、何を話すべきではないのか、あらかじめ線引きしておきましょう。たとえば、趣味や仕事のことはオープンにしてもいいけど、子どもの進路のことは共有しない、という具合です。相手から好ましくない質問を受けても、慌てたり動揺したりする必要はありません。涼し気な顔でサラリと受け流せばいいだけです。

たとえば、あなたが恋愛関係について詮索されたくないとしましょう。相手が「結婚願望はないの?」と質問してきたら、あなたは「今は仕事に集中しようと思っているので」程度に受け流せばOK。聞かれたくないことに対する答えをあらかじめ用意しておくことで、内緒にしていることを相手にも気づかれずに済みます。

あわせて、「ところで、最近ベトナム料理にハマって〜」「そうそう、先日、初めてゴルフをしましたが〜」「あっ、そうだ！　駅前に新しくできたカフェが〜」など、緊急時にさり気なく話題を切り替えられるフレーズも使いこなせるようにしておきましょう。

Tips

48

フィードバックに参加する

あらかじめ意見や必要情報を整理しておきます。一文は10秒以内に収めるイメージで。

反省会は悪者探しの場ではありません。課題を見つけ、みんなが成長するための場であることを忘れずに。

反省会などのフィードバックの場に参加する時は、自分の考えや必要情報をあらかじめ整理しましょう。もし、プロジェクトメンバーとの連携ミスが多かったと感じた場合であれば、その原因や具体的な状況、反省点、改善点などを箇条書きでまとめておきます。

話が長くなることは、話ベタのあなたにとってメリットがありません。意見や感想はできるだけ簡潔に伝えましょう。たとえば、「A班とB班で進捗状況を共有できていなかったので、ムダなコミュニケーションコストがかかった」と短く伝えるだけでも、十分に話の糸口になります。**一文を10秒以内で伝えるくらいのイメージを持ちましょう。**

自分から話しにくい雰囲気の時は、ほかの人の意見や考えを引き出す質問者の役割を担いましょう。「○○について、具体的に教えてもらえますか？」や「何が原因でそうなったのでしょう？」「○○が成功した主な理由は何でしょう？」などと適切に質問をすることで、課題や修正点など有益な情報が集まります。「情報を得る＝安心を得る」にほかなりません。有益な情報が集まるほど会話への不安がやわらいでいきます。

何より重要なのは、自分自身がリラックスすることです。反省会は悪者探しの場ではなく、課題を見つけ、その場にいる全員で進化・成長するための場です。あなたが忌憚のない意見を伝えることによって、周囲からの信頼を得やすくなります。

Tips

49

叱る・忠告する

叱ったり忠告したりするときは、相手の成長と可能性を心から信じるように。

非難や否定をするのではなく、相手の行動改善をゴールに定めます。具体的な解決策やアドバイスも提供しましょう。

叱る、忠告する際、忘れてはいけないのが、相手を尊重する姿勢です。声のトーンをやや柔らかくし、非難や否定ではなく、相手の行動改善をゴールに定めましょう。たとえば、部下が報告書を提出し忘れた時、「なぜ忘れるの？」と詰め寄るのではなく、「報告書は、わたしだけでなく近藤さん自身の成長にとっても大切なものです。次回からは、しっかり期限を守りましょう」と伝えるほうが、相手も言葉を受け入れやすくなります。

命令にならないよう注意を払いつつ、具体的な解決策やアドバイスを提供してもいいでしょう。たとえば「カレンダーにリマインダーを設定すると忘れずに済むよ」という具合です。具体的な改善策を示すことによって、相手が行動を改善しやすくなります。

なお、ポジティブな言葉がけも大切です。叱るだけではなく、相手の良い点や成長を認める言葉を添えることで、相手のモチベーションを高めることができます。「近藤さんの報告書は、いつもとても良く整理されています。引き続き期待しています」、こう言われて意気に感じない人は稀でしょう。叱る・忠告する際の勘所は「勇気づけ」なのです。

最後に心構えをひとつ。**叱る・忠告する時、相手の成長や可能性を心から信じてください。**信じるフリでは意味がありません。大切なのは、一点の曇りなく信じること。その気持ちがあるかぎり、相手は必ず聞く耳を持ち、その期待に応えようとするはずです。

Tips

50

クレームを伝える

ことの重大さや強い抗議を相手に伝えたい場合。メールや手紙で「文字」に残すのも一つの手段。

努めて冷静に。「事実＋感情」のセットで伝えます。あるなら、具体的な解決策も伝えましょう。

クレームを伝える時、感情任せになってはいけません。感情が高ぶると、自制心が利きづらくなり、冷静にやり取りできなくなるからです。大事なのは落ち着きです。たとえば、「いつも楽しくジムを利用しています。実は今回、少し不快に感じる点がありました」と、**努めて冷静に〈クレームの大枠〉から伝えると、相手が話に耳を傾けやすくなります。**

続いて、具体的な事実と、あなたが感じた不便さや不快さを伝えましょう。「このマシンのグリップがベタベタで……気持ち悪かったです」のように、「事実＋感情」の形で伝えることによって、相手が問題点とあなたの不快な感情を理解しやすくなります。

自分が望む解決策が明確なときは、そのことを伝えましょう。「すぐに拭いていただくか、マシンを交換していただけませんか？」と具体的な要望を伝えることで、スピーディに問題解決へと向かいやすくなります。なお、頭に血がのぼっているときは、クールダウンすることが先決です。その間に、「何が問題だったのか（事実）」「どんな気持ちになったのか（感情）」などの情報を整理しておきましょう。ひと呼吸置くことで、「〇〇の部品が足りなかった」「すぐに使いたかったので残念です」と冷静に伝えることができます。

重めのクレームの場合、メールや手紙を利用するのもひとつの手。「文字」として残すことで、相手にことの重大さや、強い「抗議の意」を伝えることができます。

Tips

51

感謝の手紙を書く

会話ではうまく伝えられないときは、手紙で「具体的なエピソード＋感謝」を伝えます。

言葉を選びながら気持ちを表現できますし、手書きゆえの書き手のぬくもりも伝わります。

「会話の中でお礼の気持ちがうまく伝えられない」と感じる人には、代替手段として手紙をおすすめします。手紙を書く時は、言葉をじっくり選び、感情を落ち着かせながら（情報も整理しながら）思いを伝えることができます。

たとえば、あるプロジェクトで取引先のＡさんに助けられたが、感謝の気持ちを言葉で表現できない時があったとしましょう。そんな時こそ手紙の出番です。手紙には、「いつも手厚いサポートをいただき、ありがとうございます。とくに先日のプロジェクトでいただいた販売促進についてのアドバイスは大変勉強になりました。心より感謝申し上げます」と具体的なエピソードを添えながら感謝を表現します。

手紙で大切なのは簡潔さです。長すぎる文面は読むほうが疲れてしまうため、便箋1枚、多くても2枚にまとめましょう。「きれいな字」を書こうとする必要はありません。大事なのは、あなたが丁寧に書こうとした姿勢が伝わることです。

心を込めて手書きした一文字一文字には、書き手の感情やぬくもりが宿ります。相手のために特別に時間を割き、その人を思いながら書いた手紙は、相手に特別な価値と喜びをもたらします。相手に直接会わずとも自分の気持ちを伝えられる手紙は、会話が苦手な人にとって「渡りに船」のコミュニケーションツールなのです。

Tips

52

飲み会に参加する

話題の中心に立たなくてもOK。関心を持って人の話を聞き、話題のボール回しを担うのも一つの手です。

飲み会は自己PRの場ではないので、自分をよく見せる必要はありません。

飲み会の場では、話の輪に入ることにプレッシャーを感じがち。しかし、初めから話題提供者になる必要はありません。まずは参加者の話に耳を傾け、関心を持って聞くことから始めましょう。たとえば、同僚がマイブームについて話している時は、「それはおもしろいですね。ハマったきっかけは何ですか？」のように質問する側に回りましょう。大事なのは興味をもって話を聞くこと。それだけで相手と関係性を築くことができます。

あなたがその話題に詳しくない場合は、「○○について詳しく教えていただけますか？」と尋ねることで、会話がふくらみやすくなります。また、「最近、何か楽しいことありましたか？」や「週末はどう過ごしましたか？」「夏休みはどこか出かける予定ですか？」など、**定番の質問も準備しておくと、会話が途切れたときなどに慌てなくて済みます。**

ひとりが長く話している場合は、司会者よろしく「ちなみに、○○さんは、最近ハマっているものとかありますか？」と話題のボールを他の誰かに渡すことで、その場のバランスを取ることができます。自分の番が来ても、自分をよく見せようと頑張る必要はありません。自分らしさを大事に、素直に自分の考えや気持ちを話しましょう。

飲み会は自己ＰＲの場ではなく、その場にいる人たちと親交を深めるための場です。「**素直に聞き（受け取り）、素直に話す（与える）」を意識しながら会話を楽しみましょう。**

Tips

53

会議で発言する

発言チャンスは、誰かが発言し終えた瞬間。話すときは「自信ありそうに」がポイントです。

準備が命です。事前に箇条書きで発言内容をまとめておきましょう。

会議で発言をするためのコツ、その**一つ目は、発言に必要な「準備をする」ことです。**会議前に議題を確認し、自分の意見や提案を簡潔にまとめておきましょう。ポイントは、短く明瞭なメモを作成すること。「新プロジェクト◯◯の提案／経費削減につながるリモートワークの推進」などと箇条書きしておくだけで心に余裕が生まれます。

二つ目が「タイミング」です。会議の流れを見極め、適切なタイミングで発言しましょう。誰かが発言し終えた瞬間や、議題が変わる前、議論が一段落ついた瞬間は特にチャンス。どうしても発言するのが難しければ、議長に目配せしたうえで、「発言してもいいでしょうか?」と切り出しましょう。その一言で自分の気持ちも落ち着きます。

三つ目が「自信あるようにふるまう」です。会議では小声や早口は好まれません。ゆっくり落ち着いてハキハキ話しましょう。目が泳いだり、手グセが激しかったり、貧乏ゆすりが激しかったりすると、それらに気を取られて肝心の話が耳に入ってこなくなります。

「Aさんの意見に大筋で賛成です。さらに◯◯の要素を加えてもおもしろいかもしれません」のように、「他者の意見+自分の意見」で伝えるアプローチも、会話ベタな人にはおすすめです（一から意見を作るわけではないので）。質問を受けた際、どうしても答えられない時は、慌てず「次回までの宿題にさせてください」と答えれば問題ありません。

Tips

54

わからない ときは

知ったかぶりは大きなリスクです。「わからない」と素直に言うことを心がけましょう。

「わからない」と言うことで、学びと成長がもたらされます。

わからないことは、「わかりません」と言う。会話が苦手な人にとっては、このシンプルな原則を守ることが重要です。なぜなら、会話が苦手な人ほど、知ったかぶりをしてでもその場を取り繕おう、と頑張りがちだからです。しかしこれは、自分に小さなウソをつくことになるため、精神衛生上、好ましくありません。また、知ったかぶりがバレた時に、その場の雰囲気が悪くなるほか、相手を幻滅させてしまうかもしれません。

わからないことを認めることは、相手との信頼関係を築く第一歩です。たとえば、仕事で相手の話が理解できなかったら、勇気を出して「すみません、不勉強なもので、もう少し詳しく教えていただけますか？」と伝えましょう。そうすることで、あなたは必要な情報を得ることができ、相手も、あなたがちゃんと話を聞いてくれていることに安心します。

友人との会話でも同様です。友人があなたの知らない映画や音楽の話をしている時、その映画を見たかのようなウソをつく必要はありません。素直に「その映画は見ていないけど、どんな内容なの？」と聞くことで、会話が（健全に）前に進みやすくなります。

会話は知識の競争ではなく、お互いを理解し合うプロセスです。自分の知らないことを認めることで、相手に対して誠実さを示し、信頼関係を深めることができます。わからないことを教わることで、自身に学びと成長がもたらされるメリットもお忘れなく。

Tips

55

対面の重要3パターン①ミーティング②報連相③営業

空気や雰囲気に敏感な人ほど、実は対面のコミュニケーションに向いています。ポイントは「多い情報量をいかに味方につけるか」です。

繊細な人は、会話で相手を疲れさせることがないという強みも持っています。簡単な対面コミュニケーションの技術を身につければ、恐れることはありません。

対面での会話は、会話が苦手な人にとってプレッシャーになりやすいもの。しかし、対面の特徴をうまく味方につけることで、ムリなく会話を楽しむことができます。

実は会話ベタな人の中には、言葉でのやり取りは苦手ながら、その場の空気や相手の雰囲気を察知することに長けた人が多い（だからこそストレスを感じやすいわけですが）。意外に聞こえるかもしれませんが、**「敏感さ」は、会話における武器になり得ます。なぜなら、察知した情報をうまく使いながら、会話を進めていくことができるからです。**

「よくしゃべる人＝会話が得意な人」というわけではありません。実はおしゃべりな人の中には、その場の空気や相手の気持ちを無視している人も多くいます。その結果、相手から「この人と話すと疲れる」と思われていたりするものなのです。果たして、そういう人が本当に「会話上手」なのでしょうか？　答えはノー。「敏感さん」を自覚する人のほうが、実は相手にとって「心地よく会話できる相手」の可能性も高いのです。

●対面でのミーティング

対面でのミーティングは、情報や熱意、感情なども共有しやすいため、お互いの心の距離が近づきやすく、また、信頼関係も構築しやすくなります。

また、視覚的な工夫を取り入れやすい点も、対面ミーティングの利点です。たとえば、会議室などであれば、意見やアイデア、データ、計画、予測などをホワイトボードに書くことによって、ミーティング参加者の理解力や納得度が高まりやすくなります。もちろん、あらかじめ印刷した資料を手渡す、という方法も有効です。ポイントは、自分が話すことの負担をできるだけ減らすことです。

人の話を聞くときも、手帳とペンで話の内容をメモすれば、相手の目をじっと見つめる必要がなくなります。話すネタが浮かばない人にとってもメモの存在は「渡りに船」です。話す内容をメモから見つけやすくなるからです。

対面での報連相（ホウレンソウ）

オンラインでの報連相の場合、管理された時間割の中で進められていくことが多く、報告するときに、かえって緊張したり、かしこまったりしてしまうこともあります。

一方、対面であれば、軽い雑談ついでに報連相することも可能。オフィスであれば、ちょっとしたコーヒーブレイクやお昼の時間帯、廊下でのすれ違いざまやエレベーターで一緒になった時などに「プチ報連相」することもできます。

もちろん、対面でしっかり報連相する時も、そのつど相手の反応を見ることができます。相手が〈わからない〉という表情をしたら、その場で補足説明をすればいい。**オンラインよりも情報量が多い対面のほうが、伝わらない確率を下げることができるのです。**

対面時の報連相で大切なのはタイミングです。たとえば、上司が忙しくイライラしているタイミングで報連相しようとすると、そのイライラの影響を（相手の言葉や表情、態度などを通じて）モロに受けてしまうかもしれません。

逆に、上司に少し余裕がありそうなときや、笑顔で誰かと雑談していた直後などは報連相をする絶好のチャンス。上機嫌であなたと向き合ってくれることでしょう。会話ベタな人にとっては「相手の機嫌を見抜くこと」もコミュニケーション戦略のひとつなのです。

対面であれば、オンラインの何倍も、タイミングをコントロールしやすくなります。

●対面での営業

対面での営業には数多くのメリットがあります。まず、四角くトリミングされたオンラインと違い、広い視野の中に相手を配置することができます。相手の服装や身振り手振り、仕草やクセ、持ち物などから相手の情報を得ることができます。そこには、相手の興味を映し出すアイテムが含まれていることも多いため、会話のきっかけを作りやすい。たとえば「お召しになっているニットネクタイ、センス満点ですね」と伝えることによって、相手の表情が和らぎ、その場の空気感がやわらかくなるようなこともよくあります。

また、営業場所が相手のオフィスであれば、インテリアや壁にかけられた絵画や社訓、テーブルの飲み物、窓から見える風景などを話題にすることもできます。そうした周辺情報も持ち出しながら、安心感や連帯感を作り上げていくことができます。「駅からのアクセス」や「今日の天気」「会社敷地内で見聞きした事柄」など、直前に得た情報の数々も営業前の雑談ネタとして有効です。

さらに、営業する商品・サービスが実際に手にできるものであれば、その場でデモンストレーションを行うことによって、相手の五感にダイレクトに訴求することもできます。「試食してもらう」「試供品を渡す」など、商品やサービスに実際に触れてもらうことも、対面営業の大きなアドバンテージと言えます。

もちろん、情報量が多いのは相手も同じ。質問が飛んできた時は、その一つひとつに誠実に答えましょう。営業そのものよりも、雑談を含むやり取りの一つひとつが、相手と信頼関係を築くプロセスだと心得ておきましょう。

Part 3

意識次第で、会話は最強の自己投資になる

（苦手なままでもいいけど、
会話のいいところも、もちろんあります）

「会って話すことで
課題が解決へ向かう、
アイデアが生まれるなど、
メリットだらけです」

ストレスはフリーに、
仕事は円滑に。
でもそれだけではなくて…

「日々の会話には、
学びと成長のタネが
たくさん
詰まっています」

Tips

56

沈黙を楽しむ

沈黙が苦でない、沈黙を共有できる人ほど、相手にとってラクな話し相手はいません。

「沈黙＝悪」は、思い込みです。おろおろせず、相手を信じ、〈一緒にこの沈黙を共有しましょう〉と思いましょう。

沈黙は怖いものではありません。それどころか、沈黙を受け入れ、その中に心地よさを見出すことができれば、会話への苦手意識を克服する大きな一歩となります。

たとえば、知人とのカフェでの会話。話題が尽きて一時的な沈黙が訪れた時、不安になるかもしれません。しかし、その不安の元凶は「沈黙＝悪」と思い込んでいるあなたの心にあります。そんなあなたに必要なのは「沈黙を楽しむ姿勢」です。ほほえみながら、お互いの存在を静かに感じましょう。**あなたが相手を信じ〈一緒にこの沈黙を共有しましょう〉と思っているかぎり大丈夫。**相手にとって沈黙を共有できる人ほどラクな人はいません。実際、沈黙は相手との信頼を深め、絆を強化する重要な役割を果たすことがあります。

ビジネスシーンでも沈黙は重要な役割を果たします。たとえば、あなたが営業先で商品の説明をした際、相手が沈黙したとしましょう。その沈黙は、あなたの説明の失敗を意味しません。相手が説明内容を吟味しつつ、理解を深めようとしている貴重な時間です。その沈黙をムリに埋めようとすると、相手の心があなたから離れてしまうこともあります。

沈黙を通じて築かれる心のつながりは、言葉以上の強さを持つことを忘れないでください。会話が苦手なあなたも、沈黙を恐れることなく、その状態を受け入れ、むしろ楽しむことによって、自然体でいられる自分に喜びを感じることでしょう。

Tips

57

励ましや勇気づけの言葉をかける

励ましや勇気づけの言葉には、それを発した自分も元気になる効果があります。

励ましや勇気づけに長い言葉はいりません。小さな一言と、共感する姿勢があればOKです。

会話が苦手な人こそ、人を励ましたり勇気づけたりする習慣を身につけましょう。なぜなら、励ます時や勇気づける時に、難しい言葉や長いセリフは必要ないからです。大切なのは、相手の感情に寄り添い、共感を示す姿勢です。

たとえば、同僚がプレゼンテーション前に緊張している時、短くても「チームの仲間もみんな一緒だから安心して」という言葉が励ましになるでしょう。また、「この前の会議でのあなたのアイデアはすばらしかった」と具体的な事例を挙げることで、相手に自分の強みを認識させ、自信を取り戻させることができます。

聞き手の立場からも、励ましや勇気づけをすることができます。相手が困難に直面して落ち込んでいるようなら「そう感じるのも無理はないよ」「あなたは間違っていないから」と共感を示すことで、相手は安心感を得て、前向きな解決策を見出しやすくなります。

もし言葉が見つからなくても、相づちやうなずき、そして何よりも「一緒にいること」が励ましになることを忘れないでください。**会話が苦手でも、小さな一言、共感する姿勢、そしてただそばにいることで、相手を励ますことは十分にできます。**

しかも、励ましや勇気づけの言葉には、その言葉を発した本人の気持ちも満たす効果があります。誰かを励まし勇気づけるたびに、あなたの心も元気になっていくのです。

Tips

58

ブレイン
ストーミングを
する

ブレストは、正解や完璧が求められるタイプの会話ではありません。楽しみながら気ラクに発言しましょう。

誰かの意見に乗っかるだけで会話に入れます。異なる要素を組み合わせると、ユニークなアイデアが生まれやすくなります。

ブレインストーミング（以下、ブレスト）とは、複数人が集まり、それぞれがアイデアを自由に出し合う手法です。この際、完璧なアイデアを出す必要はありません。**未完のアイデア大歓迎。**その分、会話が苦手な人でも、気軽に意見を言いやすくなります。

ブレストの場合、誰かの意見に自分のアイデアを加えていくことで話が活性化します。たとえば、キャンペーンのアイデアを考える際、誰かが「ＳＮＳを利用したプロモーションが良い」と言ったとしましょう。あなたは、このアイデアに乗っかって「そこに、ご当地スイーツコンテストを組み合わせるのはどうでしょう？」と提案するのです。目の前のアイデアを、時に大胆に展開させることで、議論が発展・活性化しやすくなります。

ブレストでは、「異なる要素を組み合わせる」アプローチも効果的です。たとえば「子ども向けの教育サービス」と「ゲーム」を組み合わせて「ゲーム性を取り入れた教育サービス」、「医療用ベッド」と「ＡＲ技術（拡張現実技術）」を組み合わせて「ベッド上で世界の大自然を体験させる入院プラン」のように発想するわけです。異なる分野の要素を組み合わせることで、創造的で革新的なアイデアが生まれやすくなります。

あなたにとって「ゴミのようなアイデア」が、磨くことでダイヤモンドのように輝くことも少なくありません。「思いついたらとりあえず言う」くらいの気ラクさで臨みましょう。

Tips

59

建設的なディスカッションをする

ディスカッションは戦いの場ではありません。協力して成果を生むための有意義な時間にしましょう。

「相手が先、自分があと」が基本。相手の意見に対しては、肯定的なリアクションを。

会話が苦手な人の場合、ディスカッションの序盤は話を聞くターンです。「○○さんはどう思いますか？」「何か良いアイデアはありますか？」と、相手の意見を引き出しましょう。この時、話にしっかりと耳を傾け、うなずきながら聞くことで、相手に「この人とは建設的な議論ができそうだ」と思ってもらいやすくなります。

相手が話し終えたら、次はあなたが話すターンです。自分の意見や提案を伝えます。その際、「でも～」や「しかし～」のような言葉で相手の意見を全否定するのではなく、意見の中にある「良い点」を肯定しましょう。たとえば、相手が「予算の制限で大きなホールを借りるのは難しい」と言った場合、「たしかに予算の問題は重要ですね。であれば、予算内でできる実店舗型のイベントを検討してみませんか」と提案することで、議論が深まりやすくなります。自分の話すターンが終わったら、「この意見についてどう思いますか？」とフィードバックを促すのもあり。その場にいる全員で意見や提案を揉んでいくことで、一人では思いつかないアイデアが生まれやすくなります。

このように、ワンチームの意識を強めることで、自然とディスカッションの波に乗ることができます。**ディスカッションは「戦いの場」ではなく「共創の場」です。**お互いの意見を尊重しながら（融合を図りながら）、価値ある成果を生み出していきましょう。

Tips

60

廊下での「すれ違いざまの雑談」

長く頑張る必要はありません。簡単に交わせる話題を選びましょう。

「ザイオンス効果」で、いつの間にか好感度がアップ。

オフィスの廊下での「すれ違いざまの雑談」は、肩ひじを張らずにコミュニケーションを図る絶好の機会。なにしろ「すれ違いざま」ですから会話が短め。頑張って長い話をする必要がなく、それでいて相手との関係性を着実に深めていくことができます。

すれ違う時には、相手と目を合わせて「こんにちは！」「お疲れさまです！」と明るくあいさつしましょう。あいさつの声のトーンを少し高めにすると、相手に好印象を残すことができます。相手に余裕がありそうなら、簡単に交わせる話題を投げかけましょう。たとえば、天気について「今日は暖かいですね」と話しかけてみたり、前日に会社で起こった出来事や、共通の関心事（たとえば、新しいカフェテリアのメニューなど）について軽く触れたりするのもいいでしょう。**話題を広める必要も深める必要もありません。**雑談が一段落したところで「では、また」と会話を切り上げましょう。

何度も接触することで相手に対する好感が高まる「ザイオンス効果」という心理現象があります。すれ違いざまの雑談は、このザイオンス効果を高める絶好のチャンスです。

毎日少しずつ会話を重ねることで、相手から好感を得られるだけでなく、自分自身も徐々に会話に慣れ、自信を持てるようになります。「何往復かの言葉を交わすだけ」というシンプルなこの「会話練習場」で、会話に対する不安を少しずつ取り除いていきましょう。

Tips

61

リアルイベント（セミナー、勉強会、○○体験会など）に参加する

完璧な会話を目指さなくて OK。話しやすい人と出会ったら、つながりを継続する提案をしてみましょう。

自分で場を選べることが利点。興味に合ったイベントを選びましょう。

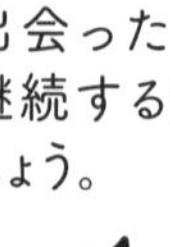

セミナーや勉強会、〇〇体験会といったリアルイベントへの参加は、会話を苦手とする人にとっては、共通の興味・関心を持つ人々とつながることができる絶好の機会です。**何より大事なのは、自分の興味・関心に合ったイベントを選ぶこと。**たとえば、写真好きなら写真のワークショップに参加することで、同じ趣味を持つ人とお近づきになれます。

一緒になった人には、「もう何度も参加されているんですか？」という当たり障りのない話から始めて、「〇〇がお好きなんですか？　私もです！」と相手と自分の興味の接点を探っていきましょう。一方で、「初参加なのでドキドキしています」のように自分の気持ちも素直に語ることによって、相手も安心してあなたに心を開くようになります。

話しやすい人と出会った時は、イベント終了後に「つながる」ことも大事。たとえば、「今日の話、面白かったですね。もしよかったら、チャットで〇〇のやり取りをしませんか？」と提案することで、ご縁を継続させることができます。その後、デジタルツールでやり取りしながら、少しずつ心の距離を近づけていきましょう。

どんな場であれ、大切なのは完璧な会話を目指しすぎないこと。むしろ大切なのは、自分らしくいることと、その場を楽しむことです。自分のスタイルを崩さずに相手とつながりを深めていくことによって、会話への苦手意識が自然と薄れていくでしょう。

Tips

62

リアル店舗で買い物をする・食べる

「オープン・クエスチョン」で会話をスタートすることを心がけましょう。

有益な情報を得るチャンス。失敗を恐れる必要はありません。

リアル店舗での買い物や飲食は、会話スキルを磨く絶好のチャンスです。あなたから積極的に話題を提供する必要はありません。シンプルな質問から会話が自然と転がり始めます。質問のコツは、相手が「はい・いいえ」の二択ではなく、自由に回答できる「オープン・クエスチョン」を心がけること。これにより相手が情報を提供しやすくなります。

たとえば、自分好みなアパレルショップを見つけたら、思い切って店員さんに声をかけてみましょう。「このスタイルを試したいのですが、おすすめはありますか？」とたずねるだけで、目利きの店員さんが、最新のトレンドやあなたに似合うデザインを提案してくれる可能性があります。その道のプロとの会話は、新しい情報を得る特別な機会でもあります。ひとりでは見つけられない理想的な商品と出会えるかもしれません。

初めて訪れた飲食店では、「どのメニューが一番人気ですか？」と聞いてみましょう。人気メニューだけでなく、隠れた逸品や、その日の特別料理を教えてくれることもあります。

一つの質問から始まる小さな交流によって、あなたの会話に対する自信は深まるでしょう。もちろん、相手の性格やサービス精神は十人十色です。会話がうまくいかないこともありますが、「会話がうまくいかなくても、たいして困らない」とわかるだけでも大きな収穫です。**リアル店舗での会話の恥は「かき捨て上等！」の気持ちでいきましょう。**

Tips

63

人に質問する

自分との共通点を見つけ出すうえでも、質問で相手から情報を引き出すプロセスは重要です。

会話序盤では、回答がイエス・ノーに限定される質問は避けましょう。「推し」について聞くと、相手の興味・関心を引き出すことができます。

質問は、相手が自由に回答できるオープン・クエスチョンから始めましょう。たとえば、「料理は作りますか？」のような限定的な質問ではなく、「青木さんの『推し』は何ですか？」とたずねることで、相手の興味を引き出しつつ、会話の糸口を得やすくなります。

その後の質問では、相手の興味に合わせる意識を持ちましょう。もし相手がゲーム好きなら、「今はどんなゲームにハマっていますか？」「そのゲームのおもしろさは何ですか？」のように質問すると、相手は意気揚々と楽しく話をしてくれるでしょう。

また、**相手の話の内容からフォローアップの質問をすることで、会話がさらに弾みやすくなります。**たとえば、相手がお気に入りのカフェを話題にしたなら、「コーヒーのこだわり」「店内の雰囲気や居心地」「店員さんのホスピタリティ」「ランチセットの魅力」など、相手がそのお店を気に入っている理由（＝相手の興味の核心）を引き出す質問をしていきましょう。相手がコーヒー豆にこだわりを持っていることがわかったら、「おいしいコーヒーの見分け方はありますか？」と教えを請う質問をしてもいいでしょう。

質問は、自分が話をすることへのプレッシャーを減らしながら、相手のことを理解したり、相手との共通点を見つけたりできる効果的な方法です。形式的に質問するのではなく、「相手のことを知りたい」「相手と心を近づけたい」という気持ちを大事にしましょう。

Tips

64

質問に答える

2つのテンプレート、「結論＋エピソード」「結論＋感想」が使えます。

エピソードや感想を伝えることは、心を開いている証拠。相手もそのオープンマインドに感化され、自分の心を開くはずです。

質問に答える時に便利なテンプレートは、「結論＋エピソード」と「結論＋感想」です。
先に結論を伝えてから、より具体的かつ詳細な情報を伝えていく伝え方です。

たとえば「どんな本を読んでいますか？」という質問には、「最近はミステリー小説に夢中です」と結論から話し始めます。続いて「特に『○○○』という作品がおもしろかったです。密室劇なんですが、謎が謎を呼ぶ展開で一気読みしてしまいました」と具体的なエピソードや感想を加えることで、相手の興味と関心を引きやすくなります。

「どんなダイエットをしましたか？」という質問に対しては、「運動と食事を見直しました」と先に結論を述べ、「通勤を電車から自転車に切り替え、朝晩にキャベツスープを飲んだ結果、３ヶ月で5キロやせました」と続けることができます。職場での出来事についてたずねられた場合にも、「今週はプロジェクトで大忙しでした」と短めに結論を伝えてから、「チーム一丸となって納期に間に合わせたので、達成感がすさまじいです」と感想を伝えることで、単なる報告を超え、相手の共感を誘うことができます。

エピソードや感想を伝える時、少し恥ずかしさを感じるかもしれません。しかし、それは、あなたが相手と真摯に向き合おうとしている証拠。**自分が心を開くことで、相手も心を開いてくれるでしょう。**「恥ずかしさ」の先にある「つながる喜び」を味わいましょう。

Tips

65

目標や夢を伝える

あらかじめ自分の夢や目標を具体的に棚卸ししておきましょう。そして、相手の夢や目標に耳を傾け、共通点を探します。

自分の夢や目標は、感情を込めて表現し、相手の夢にはエールを。お互いの心の距離が一気に縮まります。

お互いの夢や目標を共有することで、相手との深いつながりが生まれます。まず、自分の夢や目標を明確にしましょう。何を成し遂げたいのか、なぜ成し遂げたいのか、紙に書き出してみましょう。**書き出すときのポイントは「具体性」です。**たとえば、「海外旅行がしたい」と漠然と書くのではなく、「来年までにイタリアのトスカーナを訪れて、地元のワインを楽しみたい」くらい具体的に書くことで、人に共感・応援されやすくなります。

続いて、相手の夢や目標について質問してみましょう。夢や目標は盛り上がりやすい話題のベスト3に入ります。相手の話の中に自分との共通点を見つけたら、その時は自分の夢や目標を話すチャンスです。たとえば、相手が食にまつわる夢を語っていたら、その流れに乗って、「実は私も食文化に興味があって、来年はギリシャで魚介料理を堪能したいと思っています」と自分の夢を語るのです。共通点がなかったとしてもご安心を。相手が話を終えてから「実は私にも夢がありまして～」と話し始めればOKです。

自分の夢や目標について話す時は、感情を込めましょう。熱意やワクワクを声や表情で伝えることで、相手に共感されやすくなります。もちろん、相手の夢にポジティブな反応を示すこともお忘れなく。「個展を開く夢、本当に素敵です。実現を楽しみにしています！」といったエールが、相手との心の距離を縮め、絆を深めることにつながります。

Tips

66

一緒に〇〇する

体験を共有することで、相手の性格や価値観、好みなどがわかり、自然と絆が深まっていきます。

ビジネスシーンなら、会食がおすすめ。リラックスでき、会話も弾みやすくなります。

一緒に何かをすることで、コミュニケーションが活性化しやすくなります。たとえば、一緒にゲームやスポーツをする際には、ルールや戦略について自然と話し始めるでしょう。「次はどんな戦略がいいかな？」という言葉をきっかけに、意見やアイデアが飛び交うことも。ゲームやスポーツを通じて、共に勝利を喜んだり、敗北を悔しがったり、相手のプレーを称賛したりすることで、お互いの絆を深めることができます。

一緒に映画を見た時であれば、上映後に、映画の内容や登場人物について意見交換しましょう。「あのラストはどう思った？」や「どのシーンが好き？」などの感想を共有することで、映画をより楽しむことができ、相手の性格や価値観を知る手がかりにもなります。

ビジネスシーンでは、同僚やクライアントと会食をすることで、会議室でのミーティング時よりも、会話が弾みやすくなります。食事の味や店内の雰囲気についての軽めの感想を交わしながら、リラックスした状態で自然と仕事の話題に移ることもできます。「独特な香辛料ですが、お口に合いますか？」「甘いものはお好きですか？」「ふだんお酒は飲みますか？」などのやり取りを通じて、相手の好みを探ることもできます。

一緒に何かをする際に、ムリに話題を探す必要はありません。その体験自体や、その周辺に話題はいくらでも転がっています。それらを使って気ラクに会話を楽しみましょう。

Tips

67

適切なフィードバックをする

フィードバックのお約束は「肯定」からスタートすること。改善点については、相手の気分を害さないよう建設的に伝えます。

相手からもフィードバックをもらうことで、相手のことを評価・信頼している姿勢を示せるほか、自己成長も促されます。

会話中に適切なフィードバックをすることで、相手に興味を持っていることや、相手を理解していることを伝えることができます。また、相手への助言を行うこともできます。

まず、**フィードバックはポジティブなものから始めましょう。**たとえば、同僚がプロジェクトの提案をした際には、「そのアイデア、新鮮でとても良いね」と認めることが重要です。この際、「データの分析が丁寧で説得力があったよ」と具体的な言葉を添えると、フィードバックが「おべっか」でないことが伝わります。具体例を織り交ぜながら相手を肯定することで、相手は安心感を抱き、その後の言葉を受け入れやすくなります。

次に、**相手に改善点やアドバイスを伝える際は、批判ではなく建設的な意見として伝えることが大切です。**「この部分については、図やグラフを見せて説明したほうがいいかもしれないね」といったように、相手が受け入れやすい表現を心がけましょう。

なお、相手からもフィードバック（感想や意見）を求めることで、自分にとっても「あなた（相手）」が必要だという姿勢を示すことができます。事実、「この点についてはどう思う？」と積極的に意見をもらうことで、自己成長へとつながるヒントが得られるのです。

改善案などのフィードバックをする際、言葉が冷たくなりそうな気がしたら、「もし言い方がキツく聞こえたらごめんね」のようにあらかじめ予防線を張ることもお忘れなく。

Tips

68

複数の人が集う場ではファシリテートする

誰かの意見をベースに自分の意見を伝えてもよい。あくまで他人の発言がベースなので、精神的な負担は軽めです。

他の人に会話のボールを渡すファシリテーターは、脇役ながら存在感を示すことができます。

ファシリテーターの役割は、自分が話すことではなく、会話を円滑に進行させることです。会話が苦手な人には少し難しく感じられるかもしれませんが、**コツさえつかめば、むしろ、その場にふわっと関われる「おいしい役割」です。**「この件について、東さんはどう思いますか？」のように、ひとつの話題について、その場にいる人たちにさり気なくボールをパスし（＝話を振り）、それぞれの考えや意見を引き出していきます。

たとえば、会議であれば、参加者の発言を拾いつつ、「このアイデアについて他に何か意見はありますか？」とたずねることで、その場にいる全員に発言の機会を提供できます。このように、会話の流れを整理し、全員が参加できる環境を作ることで、自分から多くを語らずとも存在感を示すことができます。誰かの発言を聞く時は、相槌やうなずき、表情でポジティブに反応することで、相手に「話しやすい」と感じてもらうことができます。

もちろん、適宜、自分の意見を挿入できればなおヨシ。この時も、他の人の発言をベースに賛同点や異論点を伝えればいいため、精神的な負担は少なめです。どうしても自分の意見・考えが口から出てこない時は、他の人たちの話を要約したり再確認したりする形で関わればＯＫ。みんなのために動くファシリテーターは信頼を得やすい役回りでもあります。そこで得た自信は、徐々に会話スキルへの自信に変わっていくでしょう。

Tips

69

プレゼンは「相手矢印」で

プレゼンが苦手な理由のほとんどは、自分に意識を向けすぎているから。聴衆に意識を向けることで、緊張や不安がやわらぎます。

「話す」より「聴衆の反応を観察する」意識を強めましょう。

プレゼンテーションが苦手です。この症状を克服するためには、過剰な自意識を認めたうえで、意識の矢印を「自分」ではなく、「聴衆」に向ける方法が効果的です。

まず、プレゼンテーション開始直後に、聴衆の興味や関心を引き出す質問を投げかけましょう。たとえば、「皆さんは◯◯の経験をしたことはありませんか?」「みなさんは◯◯についてどのようなイメージをおもちですか?」という具合です。これにより、聴衆は自分たちもプレゼンテーションの一部であると感じ、より関心をもちやすくなります。

次に、プレゼンテーション中は聴衆の反応を観察し、その反応に応じて内容を調整しましょう。たとえば、説明している内容に対する疑問の表情が見られたら、その部分をもう少し詳しく説明するなど、柔軟に対応しましょう。さらに、プレゼンテーションの途中で、聴衆に確認したり、質問を促したりすることも有効です。たとえば、「ここまでの説明でわかりにくかった点はありますか?」「ここまでで何かご質問はありますか?」とたずねることで、聴衆が積極的になり、「置いてきぼりを食う」ことがなくなります。

自分に向けられた意識の矢印を聴衆に向けることで、プレゼンテーターの緊張が和らぎ、心の負担が驚くほど軽くなります。いちどその効果を体感するとやめられなくなるのが「相手矢印」でのプレゼンテーション。通常の会話にも応用できる重要スキルです。

Tips

70

スピーチでは 3～5つの 柱を立てる

原稿の丸暗記はおすすめしません。緊張や焦りで忘れてしまうからです。「3～5つの柱」を設けておけば、迷子になりにくくなります。

イメージトレーニングで成功体験を植え付けましょう。聴衆は敵ではなく温かく見守る応援者です。

スピーチの場面で有効な戦略のひとつが、「3つから5つの柱を立てる」というもの。スピーチ原稿を丸暗記してしまうと、本番の緊張や焦りで「飛んでしまう」ことがあります。そこで、**スピーチの流れを作る3～5つの主要なポイント、すなわち「柱」を設けておくのです。**柱をガイドラインにすることで、話が大きく逸脱することや、途中で頭が真っ白になるリスクを減らせます。以下は「自身の人生が変化したスピーチ」の一例です。

①不摂生をして生活習慣が乱れまくっていた過去【自堕落】
②「早起き＋散歩」の習慣に目覚めた【転機】
③生活習慣が改善されて心身が健康になった【変化】

スピーチをする際、目の前の人たちは敵ではありません。あなたを温かく見守る応援者であることをお忘れなく。話し始める前に深呼吸を一つつき、柱の1つ目に意識を向けます。ゆっくりと明確に話し始めると、聴衆はあなたの言葉にグッと引きつけられます。

スピーチの準備では、イメージトレーニングが不可欠です。聴衆がにこやかな表情で自分を見つめ、うなずきながら話に耳を傾けてくれている。スピーチ後には、温かい拍手を送ってくれる。そのときの快感・達成感を、あらかじめ何度も味わってください。事前に成功体験をイメージの中に刻むことで、スピーチ本番で自信を持って話すことができます。

Tips

71

見ず知らずの人に話しかけてみる

最重要ポイントは「人を信じる」こと。声をかけた分だけ会話への自信が深まります。

さまざまな人と話して「会話免疫力」を高めていけば、自然と会話を楽しめるようになっていきます。

人を信じていない。これが会話への苦手意識を生み出していることもあります。自分が人を信じていないため、無意識に「他人も（当然）自分を信じていない」と思い込んでしまっているのです。この症状には「見ず知らずの人に話しかける」という対策が有効です。大事なのは、声をかける時に相手のことを全面的に信頼すること。「すみません、〇〇駅への行き方、わかりますか？」とたずねれば、相手は思いのほか親切に教えてくれるでしょう。あなたが相手を信じて声をかけた数だけ、あなたの中の人間不信は薄れていきます。

こだわりのコーヒーを提供するお店。カウンターで隣り合わせた方に、勇気を出して「そのコーヒーの豆は何ですか？」と声をかけてみましょう。公園での散歩中に「ここの桜は見事ですね」と、桜に見入っている人に声をかけてもいいでしょう。あなたがリラックスしているほど相手の反応は良くなります。たとえ会話が一往復で終わったとしても気にする必要はありません。あなたが相手を信じて声をかけたという事実が何より重要です。

会話を楽しむための第一歩は「目の前の人を信じること」です。人とのつながりを恐れず、愛をもって積極的に関わることで、会話への自信が生まれてきます。大丈夫。もし話が盛り上がらなくても「それでは失礼します」とにこやかにその場を離れればいいだけ。さまざまな人と言葉を交わすことで、自然と「会話免疫力」も高まっていくことでしょう。

Tips

72

「すぐにお返ししないと」の罠にハマらない

「交換的な考え方」を捨てれば、一気に自由になれる。お返しは「いつか」「必要な時」に行えばいいのです。

施しを「気持ちよく受け取る」ことで、自己肯定感がアップする。

「人に何かをしてもらったら、すぐにお返ししなくてはいけない」という交換的な考え方は、人間関係の重荷になりがちです。かつての私も、この考えにとらわれていました。ある日、知人とランチした際に、相手が先に支払いを済ませた時のことです。私は「すぐにお返ししないと」と焦り、「次は私がごちそうしますね」と言いました。この言葉の裏返しが「あなたの一方的な施しは遠慮します」だと気づいていませんでした。施しを素直に受け取ることが、実は相手にとって嬉しいことだとわかっていなかったのです。

今では〈お返しする宣言〉はしませんし、次に支払うかどうかはその時々の状況や気分に委ねています。お金を払うこと自体が感謝や好意を示す唯一の方法ではないからです。

仕事の場面でも同じです。同僚が資料作成を手伝ってくれたとしましょう。この際、「すぐにお返ししないと」と焦るのではなく、感謝の気持ちを伝え、いつか必要な時にサポートすればいいのです。**大事なことは、義務ではなくお互いが自然な形で施し合うことです。**

また、「すぐに返さないと」と感じる裏には、「自己評価の低さ」が隠れていることがあります。すぐに返さないと相手に嫌われてしまう、と考えてしまうのです。大丈夫。相手はあなたに施したくて施したのです。あなたがすべきはその好意を気持ちよく受け取ること。「気持ちよく受け取る」をくり返すうちに、自然と自己肯定感も高まっていきます。

Tips

73

世代の異なる人と話す

年上でも、年下でも、異世代間の会話は学びの宝庫です。

マウンティングは、百害あって一利なし。リスペクトを持って世代間交流を楽しみましょう。

異なる世代の人と話すことで、会話力への自信が深まるほか、多種多様なメリットも得られます。たとえば、若い世代との会話では、今どきの流行やテクノロジーについて学ぶことができます。一方、年配の方との会話では、豊富な経験から導き出された本質を学ぶことができます。彼らはしばしば人生の教訓や、時代を超えた叡智を提供してくれます。

大切なのは、「年齢は関係ない」と考え、誰に対しても真摯に接することです。たとえば、自分より若い世代と話す際は、彼らの意見やアイデアに耳を傾けましょう。変化スピードが速い時代の中では、若い世代の感性や柔軟性が「よき師」となります。自分と異なるものであっても、その意見を受け入れることで、知識や価値観がアップデートされます。

同様に、年配の方との会話では、彼らの豊富な経験に敬意を表し、彼らが語る過去の話に耳を傾けることが大切です。酸いも甘いも噛み分けてきた彼らの話から、現代の生活に応用できる知恵や気付きを得ることができるでしょう。

このように、異世代との会話には、単なる社交以上の価値があります。相手がどの世代であれ、自分のことを必要以上に良く見せようとしない意識が肝心です。ましてやマウンティングは言語道断。あなたの人間性や品位を下げかねません。あなたが相手へのリスペクトを忘れない限り、世代の異なる人との会話は刺激的で楽しいものになるでしょう。

Tips

74

恩師・恩人に会いに行く

「教わった内容の具体的な成果」「成長の経緯と感謝の気持ち」を伝える。

近況報告をするときも、恩師の影響を述べる。

恩師や恩人と再会する際は、以下の4つのポイントを意識して話すといいでしょう。

①教わったことの効果を伝える：「先生にご指導いただいた○○のお陰で、以前は苦手だったプレゼンテーションが得意になり、先日は会社で大きなプロジェクトを成功させることができました」のように、教わったポイントを含めつつ具体的な成果を伝えます。

②成長できたことを伝える：「森さんのアドバイスのお陰で、わずか一年でチームリーダーへと成長できました。あの時、森さんに相談に乗っていただかなかったら、今の自分はなかったと思っています」と、自身の成長・成功の軌跡を感謝とともに伝えます。

③近況を伝える：恩師の影響があることを添えながら自分の近況を簡潔に伝えます。「先月から新しい職場で働き始めました。そこでは田中さんから教わった○○技術が役立っています」と話すことで、恩師の喜びは一層ふくらみ、また、大きな安心感も抱くでしょう。

④感謝の気持ちを伝える：別れ際に、改めて感謝の言葉を心から伝えましょう。「どうしても一言お礼を伝えたかったので、今日はお会いできて本当に嬉しかったです。これからも先生の教えを胸に頑張ります！」と、ポジティブな宣誓を交えて感謝を表現します。

このように、具体的なエピソードや個人的な成長を織り交ぜながら、感謝の言葉を伝えることで、恩師や恩人との再会の時間がより有意義なものになるでしょう。

Tips

75

パートナーとの会話量を増やす

まずは「その日の出来事」から。話を聞いてもらうだけで、ストレスが軽減され、心と体が軽くなります。

リアルの会話とあわせて、「チャット談義」でより深いつながりを。

話を誰かに聞いてもらうだけで、心が軽くなることは誰にでもあります。特に恋人や夫婦などパートナーとの会話は、相手との絆を強め、日々のストレスを軽減するのに大いに役立ちます。**会話が苦手な人は、まず今日あった出来事から話してみましょう。**

たとえば、「今日は仕事で◯◯をミスしてしまってさ」と1日の様子や気持ちを素直に伝えてみましょう。すると、自分自身もその日の出来事を整理することができ、フッと心と体が軽くなります。相手の「それは大変だったね」という労りの言葉や、「どうやって乗り越えたの?」といった寄り添う質問が、心の負担を軽くしてくれることもあります。

もちろん、パートナーの話に耳を傾けることも重要です。相手の話に「うん、うん」と共感することで、相手はあなたへの信頼を深めていきます。この会話に目的はありません。雑談を含め、気持ちをやり取りすることで、お互いの理解と信頼が深まっていきます。

あわせておすすめしたいのが、スマートフォンでのチャット談義です。たとえば、ランチの時間に写真を添えて「このラーメン、超おいしい!」とメッセージを送るだけでも、その瞬間の様子や気持ちを共有できます。また、パートナーの日常をリアルタイムで受け取ることで、常に深いつながりと安心感も得られます。愚痴を吐けるのもパートナーだからこそ。パートナーとの会話やチャット談義は効果てきめんの精神安定剤でもあります。

Tips

76

エピソードトークを楽しむ

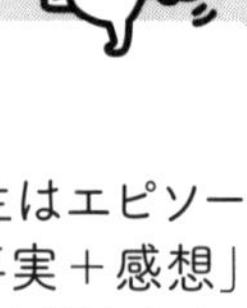

よく見れば人生はエピソードの宝庫。「事実＋感想」で相手の興味を引きます。

素直に話すことで「自分らしさ」がにじみ出て、共感されやすくなります。

エピソードを話そう、などと言うと、「そもそも私には話すネタがない」と思うかもしれません。しかし、実はエピソードのネタは身の回りにあふれています。**あなたの心が揺れたとき――驚き、感動、焦り、失敗、笑い――これらはすべてエピソードのネタです。**

仕事や日常生活で起こる出来事もネタの宝庫と言えます。たとえば、通勤途中に偶然見つけた珍しい光景や、おいしい料理を食べた体験、営業先でミスしたことなど。ＳＮＳで感動のエピソードを発見した時は、そのエピソードをそのままシェアしてもいいでしょう。

出来事だけでなく、それに対するあなたの感情や教訓も伝えると、話がより魅力的になります。たとえば、「昨日、道で迷子の犬を見つけて、どうしたものかと途方に暮れていたら……、30分後に飼い主さんが現れたんです。その時の安堵感といったら！」といった具合です。そのつど自分の気持ちを挟むことで、聞き手が話に没入しやすくなります。

うまく話そうとする必要はありません。**エピソードトークでは、「起こったこと（事実）＋自分の感想」くらいのシンプルな構造が喜ばれます。**たとえば、「犬を見つけた時（事実）＋私が感じた心配（感想）→飼い主を見つけた時（事実）＋安堵した（感想）」のような流れです。大事なのは、できるだけ簡潔に自分の経験や感じたことを素直に伝えること。

エピソードからその人らしさが香り立つほど、相手に共感されやすくなります。

Tips

77

社交辞令は賢く使う

社交辞令は人間関係構築に役立ちます。そのとき、「約束」や「行動」が伴うことは言わないようにしましょう。

「自分を守る」ことと、「相手に貢献する」ことをバランスよく保つことが、ムリなく使いこなすコツ。

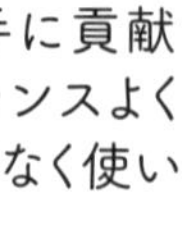

社交辞令は、ときに人間関係を築く助けになることがあります。たとえば、初対面の人に「お会いできて嬉しいです」と言ったり、同僚がヘアスタイルを変えたら「素敵ですね」と褒めたりすることは、相手を喜ばせ、良好な関係を保つのに役立ちます。

一方で、**社交辞令の使いすぎや、「自身の行動を伴う」形の社交辞令は避けたほうがいいでしょう。**たとえば、実際に参加する気がないのに「イベントを楽しみにしています」と参加をにおわせる伝え方をしたり、行きたくもないのに「また次回も連れていってください」と言ってしまったりすると、自分の首を絞めることになりかねません。

そのような場面では、「イベントの成功を祈っています」や「すばらしいイベントになりそうですね」など、約束や自身の行動と結び付けない表現を選びましょう。これらの表現であれば、相手の立場や気持ちに配慮しつつ、具体的な約束を避けることができます。

社交辞令は相手と心を通わせるきっかけになるだけでなく、あなた自身のことを守ってくれる「防御シールド」であることもお忘れなく。

①「自身の行動を伴う」形の社交辞令は言わない**【自己防衛】**
②社交辞令を言うときは、しっかり気持ちを込めて言う**【他者貢献】**
①と②の意識をバランスよくとることが、ムリなく社交辞令を使いこなすコツです。

Tips

78

会話は「減点方式」ではなく「加点方式」で

会話に対する「減点法」をやめて「加点法」に切り替えましょう。「できたこと」に目を向けることで、会話への自信が深まります。

「（自分は）～すべき」「（自分は）～しなければいけない」は、自己否定を誘引する危険な考え方です。

「（自分は）～すべき」「（自分は）～しなければいけない」という意識が強すぎると会話が苦しくなってしまいます。「うまく話さなければならない」「おもしろいことを言わなければならない」「つまらない人と思われたくない」「相手に気に入られなければいけない」――こんな意識をもちながら、自分らしく居続けることは困難です。

「～すべき」は、自分への縛り、「強迫観念」とも言えます。たとえば、「気の利いたことを話さなければいけない！」と意気込んで会話に挑んだものの、気の利いたことが言えなかった場合、自分に20点や30点という低い点数をつけてしまう人もいます。減点方式で「できなかったこと」にばかり目を向け続けることは、自分に刃を向けて自己否定し続けているようなものです。度を越せば、メンタルが病んでしまう恐れもあります。

どうしても点数をつけたいなら、「減点方式」をやめて「加点方式」にしましょう。「思った以上によく話せた」「少し気の利くことが言えた」「いつもより緊張せずに話せた」のように、「できなかったこと」ではなく、「できたこと」に光を当てるのです。「（自分は）～すべき」「（自分は）～しなければいけない」という足枷《あしかせ》が外れたとき、初めて、その人の「自分らしさ」が芽吹き始めます。加点方式で、自分の会話の「いい点」「魅力的な点」「成長した点」などを知ることで、会話に対する自信がどんどん深まっていくことでしょう。

Tips

79

オンラインMTG《ミーティング》は
タイミングが命

自分が話す時は、一定のルールをもって話の持ち時間を決めましょう。

発言する時は、一拍だけ間を置いてから。相手の反応を見ながら話すこともお忘れなく。

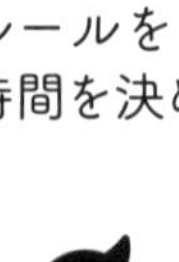

オンラインミーティングでは、タイミングが非常に重要です。まず発言する時は、一瞬だけ待ってから話し始めましょう。オンラインではわずかな遅延が生じるため、この一瞬の「間（ま）」が重なることで、お互いの発言がぶつからずに済みます。たとえば、相手が話し終わったと感じたら、一拍置いてから自分の意見を話すようにしましょう。

次に、自分が話している時は、相手の表情や反応に注意を払いましょう。その反応は、もしかしたら、あなたの「話が長い」「話がわかりにくい」「声が聞き取りにくい」などのシグナルかもしれません。相手が普段と異なる表情や動きをした時は、話を一時停止し、「○○さん、何かありますか？」のような言葉をかけましょう。

話を適切なタイミングで切り上げることも重要です。長々と話し続けると、他の人が発言する機会が失われます。ミーティング全体の時間と参加人数に考慮し、たとえば、5人の参加者がいる場合は「それぞれ最大2分間ずつ」など、一定のルールを設定しましょう。

設定時間を守るためにも、あらかじめ自分の意見を簡潔にまとめておきましょう。自分の意見を伝える時であれば、ポイントを2〜3つに絞っておくことで、話す時のタイムマネジメントがしやすくなります。オンラインミーティングを円滑に進めるためには、**発言のタイミング、相手の反応チェック、話す時間の管理の3点が重要です。**

Tips

80

メールやチャットに欠かせない「気遣い言葉」

意識的に「気遣いの言葉」を使いましょう。相手に配慮する姿勢を見せることで、相手に与える印象をやわらげることができます。

使える「クッション言葉」を増やし、場面ごとに使い分けましょう。

メールやチャットで相手と気持ちよくやり取りするためには「気遣い言葉」の使用が大きなカギとなります。たとえば、あなたがメールでプロジェクトの進捗をたずねたい場合、「進捗はどうですか?」と上から問いただすような形ではなく、「進捗のご報告をいただけると助かります」と姿勢を低めることで、相手に与える印象をやわらげることができます。

また、誰かに協力を求める際には、「お忙しいところ恐縮ですが」のような一言を添えることで、相手に配慮している姿勢が伝わります。よりカジュアルにやり取りできるチャットでも、原則は同様です。たとえば、同僚に仕事を頼む場合、「○○の資料を作っておいてください」と命令調で伝えるよりも、「○○の資料を作ってもらうことは可能でしょうか」と〈お伺いを立てる〉形で伝えることで、相手への配慮を示すことができます。

メールやチャットでは「クッション言葉」が重宝します。クッション言葉とは、お願い、質問、依頼、主張、反論、指摘、謝罪などをするときに使われる、気遣いを示す「前置き」のこと。「お手数をおかけいたしますが」「申し訳ございませんが」「ご迷惑をおかけしますが」「ぶしつけなお願いですが」「ご面倒をおかけしますが」「申し上げにくいのですが」「あいにくですが」など、使えるクッション言葉を増やしていきましょう。クッション言葉があることによって、自信をもってテキストでやり取りできるようになるでしょう。

Tips

81

SNSで「自分らしさ」を発信する

SNSで「自分らしさ」を表現する練習を重ねることで、対面の会話でも自信を持つことができます。

おすすめの投稿ネタは、①好き、②得意、③感動の３つ。好意的なコメントには等身大で返信を。

会話が苦手な人にとって、SNSは「自分らしさ」を表現し、慣れるための絶好の練習場となります。SNS上で自分らしさを素直に表現し続けることによって、自己理解が深まり、対面の会話でも自信をもって自分のことを伝えられるようになっていきます。

以下の3つの要素を意識するだけで、あなたの投稿はより自分らしくなるでしょう。

①自分が好きなこと：あなたが心から楽しんでいる本、映画、アニメ、趣味について、感じたことや学んだことを投稿してみましょう。たとえば、お気に入りの曲について語ることで、同じ音楽を愛する人々との交流が生まれるかもしれません。

②自分が得意なこと：自分の得意なことでフォロワーに貢献するのもおすすめ。たとえば、料理を作るのが得意なら、そのレシピや料理プロセスなどを投稿することで、誰かの役に立つことができます。得意なことを武器にすることで自信も生まれやすくなります。

③喜びや感動：喜びや感動、感謝なども投稿ネタにうってつけです。たとえば、散歩中に見た美しい景色や、感動した映画の一場面など、日常の小さな〈心の動き〉をシェアすることで、自分の感性が磨かれるうえ、フォロワーと感情面でつながりやすくなります。

あなたの投稿に好意的なコメントをしてきた人は、あなたのファン・応援者です。等身大・自然体でコメント返信することで、会話のスキルも自然と向上していきます。

Tips

82

SNSで「いいね！」をつける

他者を承認することは、自己を承認すること。他人への「いいね！」で自分の感情が癒やされていきます。

もう一歩踏み出したいなら、苦手な人への「いいね！」がおすすめ。不思議と心のつかえがとれていきます。

SNSで「いいね！」をつけるのは、単に「他人の投稿を承認する」という意味だけに収まりません。**実は、「いいね！」をつけながら、自分自身の感情を癒やし、肯定しているのです。**特に、会話が苦手な人が「いいね！」をつけることを躊躇するのは、自分の中に癒やされない感情を飼っているから。自分の中に否定的な感情や自信のなさがあるため、他人の喜びや成功に対して手放しに喜ぶことができないのです。多くの人は、「いいね！」をつけないことが「癒やされない感情」をより強化していることに気づいていません。

おすすめは、他人の投稿に積極的に「いいね！」をつけることです。たとえば、知人がプライベートで幸せそうな投稿をした際、その投稿に「いいね！」をつけることは、つけた人自身の感情に好影響を与えます。他人の幸せを心から祝うことで、自分の内面にあるネガティブな感情が癒やされていくからです。

また、積極的に「いいね！」をつけることで、他人からも肯定的な反応が返ってきやすくなります。自分の投稿の「いいね！」数が増えれば、自分の気持ちや価値観が受け入れられたと感じられるため、感情が癒やされ、自己肯定感も高まりやすくなります。自分が苦手に感じている人の投稿にも「いいね！」をすると、思いのほか心が軽くなることも。もらう前につける――それが自分に自信を取り戻すための「いいね！活用法」です。

Tips

83

SNSのコメント欄で気持ち良くやり取りする

SNSのコメント欄は、会話トレーニングの場にぴったりです。

喜ばれるのはポジティブコメントです。感謝や賞賛をコメントに織り交ぜましょう。

ＳＮＳのコメント欄は、非対面であり、また時間をかけて文面を考えることもできるため、会話が苦手な人にとって、会話の筋トレ道場となります。たとえば、あなたが犬好きで、犬の写真を投稿しているアカウントをフォローしているとしましょう。そのアカウントの投稿に「この子の表情がとてもチャーミングですね！」とポジティブなコメントをすれば、相手はあなたに好感を持ち、そこから会話が生まれやすくなります。

コメントでは、感謝や賞賛を伝えることも大切です。たとえば、料理のレシピを紹介している投稿に対して、「このレシピ、とてもわかりやすくて助かります。実際に試してみたいと思います！」とコメントすると、投稿者が喜び、返信が来やすくなります。

また、相手に質問をすることで会話を深めることもできます。たとえば、「このレシピに使われているスパイスはどこで手に入りますか？」といった具体的な質問をすれば、親切に答えてくれることでしょう。そこから会話が発展することも。質問に答えてもらったときは、そのまま放置せず、必ずお礼のコメントを残しましょう。

コメント欄では、メッセージをひとつに絞り、短めに伝えることが肝心です。コメントが長すぎると、相手が返信しにくくなることもあります。**ＳＮＳへのコメントも結局は対面の会話と本質は変わりません。**だからこそ会話の筋トレ道場として使えるのです。

Tips

84

オンラインのコミュニティに参加する

自分の趣味に合ったコミュニティなら、会話が苦手でも楽しみながら自分らしく交流できます。

「いいね!」や軽めのコメントから始めて、慣れてきたら自分の近況などを投稿をしてみましょう。

会話が苦手な人たちにとって、オンラインコミュニティは、楽しみながら自分のペースで交流を深められる絶好の場です。**オンラインの世界では、実際の会話よりも時間をかけて考える余裕があり、自分の意見を焦ることなく、丁寧に表現することが可能です。**

まずは、自分の興味や趣味に合ったコミュニティを探しましょう。たとえば、あなたが猫好きなら、「猫カフェ愛好家」や「家猫の健康管理」のようなグループに参加するのも良いでしょう。オンラインでの交流の第一歩は、他のメンバーの投稿に「いいね！」をすることから。次に、簡単なコメントを入れて交流をスタートさせます。たとえば、誰かが猫の写真を投稿したら、「かわいいですね！」と短いコメントをしてみるのです。「嬉しいです！」など好意的な反応を得られ、徐々にコミュニケーションが活発になっていきます。

慣れてきたら、自分の近況なども投稿してみましょう。自分の猫の写真を投稿したり、猫の世話に関する質問をしたりすることで、他のメンバーとの関係を築くことができます。

オンラインコミュニティの場合、対面での会話のようなプレッシャーがないため、自分の気持ちや考えを落ち着いて表現できる点がメリットです。メンバーと仲良くなってきたと思ったら、思い切ってオフ会などに参加してみてもいいでしょう。共通の趣味をもつ仲間との出会いなので、初対面でも心地よい会話を楽しむことができるはずです。

Tips

85

会話で職場の課題を解決する

直接会って話をすることで、職場の課題を解決しやすくなります。社員・スタッフ同士の意思疎通もスムーズになります。

相手の非言語からも情報を得ることができるため、その場で誤解を解いたり、ミスやトラブルを未然に防いだりすることができます。

「会って話をする」ことは、職場での課題を解決するうえで有効な方法です。直接会って話すことで、非言語的なコミュニケーションや相互の理解が深まります。

以下は、職場で見込める課題解決です。

①「伝わらない」がなくなる：会って話をすることで、相手の反応を直接見ながら、そのつど話し方や話の内容を調整することができます。たとえば、プレゼンテーション中に聴き手が（話の内容が難しすぎて）混乱していることに気づいたら、すぐにわかりやすい言葉に言い換えたり、補足説明をしたりと、相手が理解できるよう工夫を凝らすことができます。

②「細かいミス」がなくなる：直接話をすることで、あいまいな言葉や定義を減らし、具体的な確認がしやすくなります。たとえば、「素敵なデザインというと……どのようなデザインをイメージされていますか？」と自分と相手の認識のズレを正していくことができます。会話中に誤解を減らすことで、大きなミスやトラブルの防止につながります。

③「アイデアが湧かない」がなくなる：人と直接やり取りすることで、思考が刺激され、創造的なアイデアが生まれやすくなります。たとえば、ブレインストーミング中に、運動のメリットの話題で盛り上がっているときに「そう考えると、学習効果向上の一環として

運動を推奨するサービスがあってもいいかもしれませんね」と、その場にいる人のアイデアに着想を得て、新たな提案を即座に行うこともできます。

④「決定が長引く」がなくなる：直接会うことで、話し合いが活性化しやすくなります。また、疑問点や懸念事項について即座にフィードバックし合えるため、スピーディに合意形成しやすくなります。たとえば、プロジェクトの方向性について、全員が一堂に会して意見を交わし、その場で決定を下すこともできます。

⑤「懸念事項が永遠につきまとう」がなくなる：面と向かっての会話では、その場で懸念点を洗い出しやすく、また、それらの懸念点についてスピーディに対応策や解決策を検討することができます。たとえば、安全性に関する懸念があれば、すぐにリスク評価し、解決策について話し合うことができます。すばやく懸念点を払拭することは、その場にいる人たちの心理的なストレスを下げるうえでも重要です。

⑥「人を怒らせる」がなくなる：対面でのコミュニケーションは、非言語（表情や声色）からも情報を得られるため、相手の感情を把握しやすくなります。たとえば、相手の感情を損ねる前に〈あれ？　表情が曇ったぞ。これ以上言うと怒らせるかも？〉と察知することができるのです。相手のミスを指摘しなければいけない時なども、相手の非言語に注意

を払いながら慎重に言葉を選ぶことができます。

⑦「意味のない仕事」がなくなる：直接話をすることで、仕事の目的や優先順位などを共有することができます。優先順位が低い仕事については、その場で一緒にその要・不要を検討する、あるいは「誰かに任せられるのでは？」などの話し合いをすることもできます。たとえば、不必要なレポート作成のタスクに気づいた場合、その場でタスクの削除や簡略化の提案をすることができます。

⑧「時間のムダ」がなくなる：メンバーが一堂に会して会議やミーティングを行うことで、ムダな時間を減らし、生産性を高めることができます。何度もメールやチャットで連絡を重ねる「(ムダな)コミュニケーションコスト」も下げることができます。また、AさんがBさんと情報共有し、その情報をBさんがCさんに伝える——のような(非効率な)やり取りをなくすこともできます。

直接会って話すことは、職場の課題解決において重要な役割を果たします。面と向かって会話することで、意思疎通の不具合やコミュニケーション不全を解消へと向かわせ、より深い理解と信頼が築かれやすくなるのです。

Tips

86

言語化して自己理解を深める

自己理解が深まると会話への自信が生まれます。

言語化せざるを得ない環境に飛び込むのもひとつの手。日記を書くのもおすすめ。頭の中から言葉を取り出しやすくなります。

会話が苦手な原因が「言語化力」にあると思っている方に、効き目抜群の荒療治をご紹介します。それは、言語化しなくてはいけない環境に身を置く、という方法です。

たとえば、新しい職場に移った人や、新しいコミュニティに所属した人であれば、多かれ少なかれ、周囲の人に自分自身のことを伝える必要性に迫られるはず。

「必要性に迫られる」ことによって、自分について「何をどう話そうか」と真剣に考え、また、実際に言語化する体験をすることができます。**いちど言語化した内容は、次回以降も、頭の中から取り出しやすくなります。**「いつでも言語化できる」という状態を作ることで、会話への恐れや不安が減り、自信を持ちやすくなります。

どうしても言語化する機会を増やせない、という人には、**1日数分でいいので、日記を書くことをおすすめします。**なぜなら、日々の出来事や、考えたこと、感じたこと、気持ちなどを言語化できるからです。日記を書くことで、ぐちゃぐちゃだった思考や感情が整理されていきます。すると、実際の会話でも言葉が出てきやすくなるのです。

なお、普段から次ページの項目について言語化しておくことで、自己理解が深まり、会話中に話題を提供したり、言葉が出てきやすくなったりします。

自己理解が深まる言語化ネタ

自分の長所・短所	自分が好きなこと・嫌いなこと	自分の得意・不得意	自分がしたいこと・したくないこと	自分の趣味
自分の習慣（思考習慣・言葉の習慣・行動習慣）	自分の考え	自分の気持ち	自分の感覚（五感を含む）	自分のこだわり
自分が没頭しやすいこと	昔からずっと続けていること	マイブーム（直近と過去の両方）	自分が人からよく褒められること	自分の理想のライフ＆ワークスタイル
できれば避けたいストレスの種類	自分の価値観（自分の中にある常識）	誰か（何か）への感謝の念	自分のコンプレックス	自分の使命・ビジョン
誰に（何に）どんな貢献ができるか	好きな映画・小説・音楽など	自分の悩み・課題	抱いている不安・不満	自分の経歴・実績
過去の失敗・苦労体験	過去の成功体験	座右の銘	最近の気づきや発見	自分の目標・夢

「会話は数だ」という短絡的な言い方をするつもりはありませんが、言語化する機会を増やすことによって、会話時に言葉が出てきやすくなることは確かです。

長年、同じ環境に身を置いている人、新しい人との交流が少ない人、代わり映えしない毎日を送っている人などは、自分では気づかないうちに言語化力が衰えている恐れもあります。自覚のある人は、積極的に言語化の機会を増やしましょう。

Tips

87

会話で自分の心の健康を守る

「会って話す」ことで得られるメリットはたくさんあります。単に「情報を伝える」以外の良い面を知っておきましょう。

会話によって自分が整うという意外な効能も。孤独が消え幸福感が高まります。ストレス解消にもうってつけです。

会話は単なるコミュニケーション以上のメリットを私たち自身にもたらします。適切に会話を行うことで、心の健康を守り、ストレスを軽減することができます。以下のポイントを意識して、会話がもたらす健康上のメリットを最大限に享受しましょう。

①**「居心地の悪さ」がなくなる**：居心地の悪さの多くは、コミュニケーション不足によってもたらされます。雑談を含め、会話の総量を増やすだけでも、お互いに感じている居心地の悪さが消えていきます。さらに「アニメがお好きなんですか？　私もです！」と共通点が増えていくと、こんどは居心地が少しずつ良くなっていきます。

②**「ストレスの蓄積」がなくなる**：悩みや不安、不満などを溜め込むと「身体の中で毒に変化する」恐れがあります。一方、人に話すことによって驚くほどスッキリして気持ちがラクになります。「今日の会議でのこと、ちょっと話してもいいかな？　聞いてほしいんだ」と自分の感情や考えを素直に伝えることで、気持ちが整理され、ストレスの蓄積を防ぐことができます。

③**「誤解されやすい」がなくなる**：対面での会話の場合、小さな誤解をその場で解消していくことができます。たとえば、仕事で「資料の納期は今週いっぱいでお願いします」と伝えたときに、相手が「では、週明けにお渡しすればいいですか？」と返答してきたと

しましょう。そんな時は、瞬時に「いえ、今週金曜の17時までにお願いします」と訂正することができます。もちろん、こちらが誤解している時は、相手からすぐに指摘を受けるでしょう。誤解を早期に解消できるのは、対面での会話の大きな利点です。

④「対人トラブル」がなくなる：対話中に相手が機嫌を損ねた場合、「ごめん、そういう意味で言ったわけじゃないんだ。こういうことを言いたかったんだけど」と迅速に軌道修正することができます。対面での会話の場合、相手の様子を見ながら臨機応変に対応することで、小さな違和感や不快感をすぐに解消していくことができます。結果、対人トラブルを減らすことができます。

⑤「楽しい」が増える：オンラインでできるのは「○○監督の最新作が来月公開されるらしいですね」と共通の趣味や興味について情報共有するところまで。（その人と意気投合したなら）一歩踏み込み、「一緒に見に行きませんか？」と誘うことで、より深く濃く、そして楽しい時間を過ごすことができます。

⑥オキシトシンで癒やされる：人と触れ合うことによって、脳内で「オキシトシン」という幸福物質が分泌されます。このホルモンは、人との心地よいつながりを感じるときに自然と出てくるもので、心に癒やしやリラックスをもたらします。会って話をしながら相

手とつながりを感じるほどに、心は癒やされていき、幸福感も高まっていきます。

⑦感謝の波動で整う：言葉は「波動」です。会って話をしているとき、身体にも相手の言葉の波動を受けています。「いつも助けてくれてありがとう。◯◯さんがいると心強いです」と感謝の気持ちを伝えることで、単に「言葉」だけでなく、ポジティブな振動としても感謝の気持ちが伝わってきます。面と向かって感謝を伝えている人ほど相手から好意・好感を抱かれているはずです。

⑧孤独感がなくなる：自分が好きな人たちと頻繁に会って交流している人は、自分だけの「居場所」を持っているようなものです。孤独は人の心を驚くほど蝕むものです。大好きな人たちと会って話をすることで、日々に彩りと活力を与えてくれます。「会って話す」は孤独に対する効き目満点の処方箋です。

このように、会って話すことは、その人自身のメンタルケアにもなっているのです。大事なことは、相手のことを尊重しながら「自分らしさ」もしっかり表現していくことです。まずは自分が大好きな人と会う機会を増やしてみましょう。

Tips

88

会話で自分が成長する

会話は人生の可能性を切り開く武器でもあります。

会話を通じて自己成長できる点も見逃せません。会話で磨かれる能力がたくさんあります。

会って話をすることで、私たちはさまざまな能力を育てることができます。会話を通じて自分がどのように成長できるか、育まれる能力をご紹介します。

①「伝える力」がつく：対面の会話では、目の前の相手に自分の考えや感情を伝えるトレーニングが積めます。たとえば、あなたが好きなドラマについて語ることで、自分の意見や感情をわかりやすく伝える方法を自然と学ぶことができるのです。

②「意見を作る力」がつく：会って話をすることで、さまざまな話題に対して自分なりの意見を作る機会が増えます。たとえば、友人との雑談の中で突発的に「最近の物価上昇をどう思う？」のような質問を受けることで、意見表明する思考が磨かれていきます。会話をすることは、脳を動かすことにほかなりません。脳トレ（＝思考力強化）の効果は計り知れません。

③「察する力・理解する力」がつく：会話をする相手の言葉や非言語（表情や声色など）から意図や背景、本音などを察して読み取る能力が養われます。相手が何を言いたいのか、どんな気持ちでいるのかを感じ取るスキルが磨かれていきます。意思疎通のスピードも速まります。

④「聴く力」がつく：会って話をすることで、話す能力だけでなく、相手の話に耳を傾

ける能力（＝傾聴力）が磨かれていきます。傾聴力がつくと、相手から信頼されやすくなるほか、言葉を理解する力もアップ。相手の気持ちに配慮しながら、そのつど適切な言葉を返すこともできるようになります。

⑤「論理的な思考」が磨かれる：目の前の相手に自分の考えをわかりやすく説明する訓練を積むことができます。これにより、頭の中の情報や考え、気持ちなどを整理し、論理的に（＝筋道を立てて）話す能力が身につきます。

⑥「語彙力」がつく：会話でのキャッチボールを通じて、わたしたちは新しい言葉を獲得していくことができます。もっとも、獲得するためには、その言葉の意味を調べて（理解して）、実際に使ってみる必要があります。言葉をインプットしたら、できるだけ早めにアウトプット（書く・話す）する。これが語彙力を伸ばす鉄板セオリーです。

⑦「バランスを図る力」がつく：相手と言葉のやり取りをしながら、人間関係のバランスを取る方法を学んでいくことができます。会話の中で、「いつ話すべきかorいつ黙るべきか」を感じ取れるようになるほか、大人数の会話であれば「誰がどれくらい話をしたか」「話題が偏っていないか」など全体のバランスを把握できるようになります。

⑧「自己開示する力」がつく：自分自身についてオープンに話す機会を増やすことで、

徐々に自分をさらけ出す勇気がもてるようになります。自分の経験や感情を話すほど、相手との信頼関係を築きやすくなることがわかってくるからです。

⑨「良質な情報」が手に入る：会って話をすることで、書籍やインターネットでは得られない生きた情報を得ることができます。また、異なる視点からの情報や知識を得ることで、人生の視野と景色が広がります。教養なども深まりやすくなります。

⑩「しなやかな人脈」が手に入る：リアルの交流では、異なる分野の人たちとつながりをもちやすくなります。紹介が生まれやすくなるのも、信頼性が高まりやすい対面での会話だからこそ。「○○さん、節税に強い税理士さんを探していましたよね？　ひとり紹介したい方がいます」のような言葉をかけてもらいやすくなります。

⑪「仕事での成果」が手に入る：面と向かって話をすることで、同僚や上司との関係が深まり、チームワークが向上します。たとえば、ランチを食べながらのカジュアルな会話では信頼関係がグンと深まります。また、雑談を含むさまざまな話題を横断することで仕事のアイデアが生まれることもあります。その結果、仕事での成果につながりやすくなるのです。

⑫「協力者・応援者」が増える：対面での会話で自分のことをオープンにしていく中で、

その目標や夢を応援してくれる人が増えていきます。「その交流会、実際に動き出すなら、私もスタッフとして参加するから！」という具合です。ひとりでは成し遂げにくいことも仲間の力を借りることで実現しやすくなります。

⑬**「自分が何者か」がわかる**：自分の考えや価値観を目の前の相手に伝える過程で、自己理解が深まります。他人との対話を通じて、自分が何を大切にしているのか、何に情熱を感じるのかが明らかになります。また、他人は自分の「鏡」です。あなたが笑うと相手も笑うことがよくあります。他人を通じて「今の自分」を知ることができるのです。

⑭**「通じ合う心」を味わえる**：言葉や非言語でやり取りする中で、共感が生まれ、絆が深まりやすくなります。たとえば、相手とお互いの悩みを共有し、解決策を一緒に考えることで「心のつながり」を感じることができます。心のつながりを感じている瞬間、脳内には幸福物質の「オキシトシン」が分泌されます。

⑮**「師」に出会える**：さまざまな人と会話をする中で、魅力あふれる人との出会いも待ち受けています。「この人みたいになりたい」と思う素敵な人に出会ったときは、その人を「師」としてモデリングしてもいいでしょう。対面の会話中であれば、その人の言葉の使い方、表情、服装、ジェスチャー、ふるまい、醸《かも》す雰囲気などもモデリング対象です。

学べる点が多いのは、情報量が多い対面での会話ならでは、です。

⑯**「人に貢献する喜び」が味わえる**：人には「貢献欲求」があります。目の前の人の問題解決に役立つアドバイスをしたり、励ましの言葉をかけたりすることで、人の役に立つ喜びを実感することができます。相手にも喜ばれ、自分も満たされる。会話の中で貢献の意識を持つことができると、会話がより楽しく価値あるものになるでしょう。

会話が苦手なあなたも、自分にできる小さな一歩から始めてみましょう。たとえば、よく行く飲食店のスタッフに話しかけてみたり、仕事の休憩時間中、気軽に交わせる雑談ネタを同僚に提供してみたり。小さな行動が、あなたの人生に大きな変化をもたらすでしょう。

Tips

89

「会話が苦手」は幻想なのかも？

脳機能「RAS（脳幹網様体賦活系）」が、実体のない「会話が苦手という情報」を集めてしまっているだけなのかも？

会話の良し悪しを自分で勝手にジャッジしないこと。RASに自分に有利な指令を出すことを意識しましょう。

「苦手なままでいい」が本書のテーマですが、苦手意識を解消するという手もあります。

脳にはＲＡＳ（脳幹網様体賦活系）という機能があります。これは、その人の好奇心や関心事に関連する情報を、脳が無意識かつ積極的に集めるフィルター機能のことです。**「会話がツライ」「会話が苦手」と思っている人は、普段から、そのイメージを裏付ける証拠（情報）集めをしているようなものです。**〈ツライ証拠〉や〈苦手な証拠〉が自然と集まってくるため、ますます苦手意識が強化されていきます。

一方、「会話は楽しい」「会話が得意」と思っている人は、普段から、そのイメージを裏付ける証拠（情報）を集めています。すると、〈楽しい証拠〉や〈得意な証拠〉ばかりが集まってきます。もちろん、この状態から会話への苦手意識が生まれることはありません。

そもそも会話に唯一の正解などありません。会話の良し悪しを勝手にジャッジし、自分に「会話が苦手」なレッテルを貼っているのは、その人自身なのです。おそらく、誰かと比較したり、過去の失敗（らしき）体験に引きずられたりしているのでしょう。

「意識する＝ＲＡＳに指令を出す」です。**どうせなら、「会話は楽しい」「会話が得意」のように、自分に有利な指令を出しましょう。**初めは少し違和感や居心地の悪さを抱くかもしれませんが、脳のプログラムは少しずつ、しかし、確実に変化していきます。

Tips

90

自分の価値は絶対にゆるがない

会話のうまさと自分の人間的な価値は無関係です。会話で失敗したとしても、自分の価値が下がることは絶対にありません。

会話は「自分を抱きしめる」ことから始まります。「自分自身に優しくある」と約束しましょう。

会話が苦手な人ほど「うまくいかない会話」によって自己評価を下げてしまいます。しかし、それはあなたの思い込みにすぎません。どんな会話であれ、それによって、あなたの価値が下がることは断じてありません。**あなたの価値は、会話のうまさとは無関係です。**

たとえば、「お金」で考えてみましょう。ぐしゃぐしゃ、ボロボロになったお札でも、その価値は新札と変わりません。これは人間の価値に置き換えても同じです。会話での小さな失敗や恥ずかしい瞬間は、あなた本来の価値を下げるものではありません。

あなたに約束してもらいたいことがあります。**それは「自分自身に優しくあること」です。**自分を責めたり、罪悪感を抱いたりしてはいけません。あなたは実は会話が苦手なのではなく自分に厳しすぎるのです。まじめすぎるのかもしれませんね。そんな健気な自分を優しく抱きしめましょう。会話は、ありのままの自分を受け入れることから始まります。

もちろん、小さな進歩を認め、祝うことも大切です。たとえば、相手の目を見て話すことや、自分の意見をはっきりと伝えることができたら、それは成長の証です。しかし、仮に上達スピードが遅くても、それはそれ。大事なのは、あなたがあなたのままであることを受け入れることです。あなたが「自分の価値は揺るがない」と確信した瞬間から、人と言葉を交わす場面が驚くほど楽しく、そして、心地よい場所になっていくでしょう。

おわりに

いまあなたはどんな気持ちですか？

誰かと会って話をしたい。心を通わせたい。自分らしく、無理せずに会話を楽しみたい。

そんなふうに思っているとしたら、本書の目的は達成されたと言えるでしょう。

真に会話が得意な人というのは、話し方や傾聴のテクニックが高い人のことを指しません。どんな場面、どんな相手であれ、「自分らしさ」を否定せず、ムリせず、背伸びせず、相手と心を通わせようとしている人のことを指します。もしかしたら、すでにあなたも、その仲間入りを果たしているかもしれません。

本書の考え方やノウハウを実践するほどに、あなたの心の中の安心感や自信が強まっていくことでしょう。慌てることはありません。「千里の道も一歩から」です。

再び自分にダメの烙印を押しそうになったら、本書を読み返してください。いつでも、必要な時に本書はあなたのそばにいます。

あなたが会話上手だと感じているあの人やこの人も、実は、何かしらの側面では、会話を苦手としています。そのことに気づくと、すべての人間が愛おしくなってきます。

〈頑張ること〉で伸ばす会話力よりも、〈自分を受け入れること〉で伸ばす会話力のほうが、何倍もパワフルで、何倍も魅力的で、何倍も楽しいものです。

落ち込んだ時は、どうぞこうつぶやいてください。「会話なんて苦手なままでいいじゃないか」と。この言葉は、あなたを「あなたらしさ」に気づかせるお守りでもあります。

本書の企画・執筆に際し、大和書房の中山淳也さんには大変お世話になりました。

また、会話の楽しさを教えてくれる妻の朋子と娘の桃果にもお礼を伝えさせてください。

そして、本書を手にしてくれたあなた。あなたが、ありのままの自分で会話を楽しもうとした時、相手も胸襟を開いてくれるでしょう。人と心を通わせる喜びをたっぷり味わってください。

２０２４年3月　山口拓朗

山口拓朗（やまぐち・たくろう）

伝える力【話す・書く】研究所所長。山口拓朗ライティングサロン主宰。出版社で編集者・記者を務めたのち、2002年に独立。現在は執筆活動に加え、講演や研修を通じて、文章術やコミュニケーション術などの実践的なノウハウを提供している。『1%の本質を最速でつかむ「理解力」』『9割捨てて10倍伝わる「要約力」』（ともに日本実業出版社）、『「うまく言葉にできない」がなくなる言語化大全』（ダイヤモンド社）『マネするだけで「文章がうまい」と思われる言葉を1冊にまとめてみた。』（すばる舎）、『残念ながら、その文章では伝わりません』（だいわ文庫）など著書多数。

読者限定・音声セミナーをプレゼント

著者が「苦手なまま会話術」について解説しています。
※QRコードまたは下記アドレスからアクセスのうえお受け取りください。
https://indicate-ex.com/fx/1ejDEy

がんばらなくても伝《つた》わる・ラクになる
苦手《にがて》なまま会話術《かいわじゅつ》

2024年3月25日　第1刷発行

著者　山口拓朗《やまぐちたくろう》
発行者　佐藤 靖
発行所　大和《だいわ》書房
東京都文京区関口1－33－4
電話　03－3203－4511

装丁　藤塚尚子（e to kumi）
本文デザイン・DTP　荒井雅美（トモエキコウ）
校正　鷗来堂
編集　中山淳也
本文印刷　信毎書籍印刷
カバー印刷　歩プロセス
製本所　小泉製本

ISBN978-4-479-79804-0
乱丁・落丁本はお取り替えいたします。
https://www.daiwashobo.co.jp